出版人に聞く 5

本の世界に生きて50年

能勢仁
NOSE Masashi

論創社

本の世界に生きて五十年　目次

第Ⅰ部

第Ⅱ部

本の世界に生きて五十年

インタビュー・構成　小田光雄

第Ⅰ部

1　前口上

――能勢さん、本日はわざわざお越し頂きまして有難うございます。

能勢　いや、とんでもない。私の事務所からここは近いんです。そんなに気にしないで下さい。この前お会いしたのは鳥取の今井書店での本の学校の時でしたから、本当に久し振りですね。

――あれは確かゼロ年の当初だったと思います。本当に時間の経つのは早いもので、それとパラレルに動いてきた出版業界の推移、はっきりいって失われた十数年とまったく重なっていることになります。

能勢さんは本当に大先輩で、私たちが出版業界に入った一九七〇年代から、千葉の多田屋には能勢さんという方がおられて、出版社や取次に対しても、書店の集まりや研修会などでも、とても斬新な発言をされていると、書店間でよく話題になっていました。

能勢　いや、それは買いかぶりですよ。

――そんなことはありませんよ。それに私の知る限り、出版業界広しといっても、書店、出版社、取次を経験されているのは能勢さんだけじゃないでしょうか。このことだけでも、特筆すべきことだと思います。

その能勢さんの五十年にもわたる出版業界歴の中にあって、後半は書店現場の実務をふまえた経営コンサルタントをずっと続けてこられたことが何よりの特色でしょう。もう二十年ぐらいになるんでしょうか。

2　書店コンサルタントとしてのノセ事務所

能勢　はい、そうです。書店経営クリニックがメインで、それに加えて様々な出版コンサルタントも兼ねています。
――それがノセ事務所の主要な仕事ということになる。大変失礼なことをうかがって恐縮なんですけど、お仕事は忙しいのでしょうか。
能勢　月のうちの二十日は全国各地に出張しているような状態で、墨田区の事務所にいる時間は少ない。
――ということは全国各地の書店からの経営クリニック、コンサルタント依頼が引きも切らない状態だと。

能勢　そういっていいでしょうね。それだけどこの書店も苦しいし、問題を抱えているし、将来どうしようかと考えていることの反映ですね。

――　能勢さん以前の書店コンサルタントというのは取次関係の中小企業診断士とかで、書店の実務には通じておらず、主として在庫の回転率、経費比率などから見た経営分析と診断を提出するだけだった。だから書店に対する取次目線もそれに準ずるものだったと考えていい。

能勢　確かに他の中小企業というよりも中小商店の診断で、書店の特殊性を理解しているとは言い難かった。無理もないともいえますが。

――　そこに能勢さんが登場した。書店現場の実務とシステムを理解した上で、初めてコンサルティングに携わる専門家が出現した。それが能勢さんだったと思う。そして多くの出版や書店に関する本を書かれてきたし、その姿勢がすべての本に見事に表われていた。

　それらの能勢さんのほとんどの本を読んできた私の印象ですが、能勢さんは書店の置かれた状況をトータルにわかりながら、この二十年間書店の可能性はまだあるんだ、こういうことをたゆまなく努力してやっていけば、まだ書店はサバイバルできるんだということを、ずっと主張なされてきた。そんな読み方でよかったんでしょうか。

能勢　まさにそのとおりです。

3　「消えた書店」と地方老舗書店

――ところが昨年、私も「出版状況クロニクル」でふれましたけれど、能勢さんが『新文化』で「消えた書店」の連載をされた。それを読んで、そうか、能勢さんも一巡しちゃったんだなという思いを非常に強く感じた。

能勢　私も元は地方の書店の出ですので、小さな書店の歴史、書店史といいますか、そのことをまとめておきたいと考え、『新文化』に話したところ、それならまとめてほしいということで、始めたわけです。

――でもあらためて能勢さんの書かれた「消えた書店」の連載（《付論》参照）を読んで、この二十年間で一九八〇年代までの書店地図がまったく塗り変えられてしまったと実感した。能勢さんはその消えた書店をすべてといっていいほど見ているし、記述がものすごくリアルなんですね。

能勢　やはりこの二十年に及ぶ書店コンサルタントの仕事で、実際に拝見していますから。

――　これは前世紀にあたる十数年前ですが、やはり『新文化』で、能勢さんや遊友出版の斎藤一郎さん、それに『新文化』の記者たちも加わって、全国の書店レポートが連載されました。そして一九九八年に『列島書店地図――激戦地を行く』として、遊友出版から出版された。細かく照らし合わせたわけではないですが、かなり多くの書店がなくなってしまっている印象が強い。実際にはどうなんでしょうか。

能勢　まあ、半分は消えてしまったと見ていいでしょうね。それからこれに今回の東日本大震災で壊滅状態になった書店も多々あると聞いていますから、さらに減っていくことは確実です。また直接被災された東北の書店だけでなく、何とか踏みとどまっていた書店の廃業なども確実に増えるでしょう。だから近いうちに日書連加盟店も五千店を割ってしまう。

――　東日本大震災がもたらした心理的影響が東北地方以外の書店へも広がっていくということですね。

それらの詳細はすべてレポートできないと思いますが、この本の巻末に能勢さんの「消えた書店」の収録を予定していますので、『列島書店地図――激戦地を行く』と「消えた書店」を合わせてチェックすれば、今世紀に入っての書店の動向が明らかにわかるでしょう。

能勢　それは一目瞭然だと思います。さらに付け加えておきたいのはナショナルチェーンの出店の大型化ですね。これに迎え撃つ地場の書店が対抗できるかどうかというのもますます切実な問題になってきます。

――そこまで来てしまった書店状況をたどってみなければならない。このシリーズ4の元リブロ／ジュンク堂の中村文孝さんとも話したんですけど、七〇年代までは関東地方の老舗書店は磐石揺るぎない体制だった。彼は埼玉だから、須原屋の全盛を語っていました。それは関東や埼玉ばかりでなく、他の地方や県も同様で、千葉だったら、それこそ能勢さんのところの多田屋だった。

能勢　確かに神奈川だったら有隣堂、茨城は川又書店、共栄堂と白石書店、群馬は煥乎堂といったふうに地方老舗書店地図がはっきりしていた。

――それらがいずれも戦前からの教科書販売も兼ねる老舗としたら、キディランド、リブロ、芳林堂、書泉グランデといったところは新興書店で、八重洲ブックセンターのような大型店の出現は七〇年代末でした。これが簡略な新旧書店配置図だった。この辺の事情に関して、最も詳しいのが能勢さんだと思います。

4　七〇年代における書店革命

能勢　いやいや、そういわれてしまうと困りますが。

――何をおっしゃいますか。その七〇年代に書店現場が変わり始めたことを、能勢さんの書かれた著書は強調し、前提としている。そして現在に至っているというのが能勢さんの基本的な視点だと考えてよろしいんでしょうか。

能勢　はい、まさにそうですね。七〇年代に色んな意味で書店革命があった。そしてそれから四〇年が経ち、現在に至った。それこそ一巡してしまったとも言える。

――それらを具体的に挙げてくれませんか。

能勢　私はほとんどの著書で前提となるそれらに言及していますが、ここではわかりやすいように箇条書きにしてみます。

1　コンビニの台頭による書店の週刊誌や雑誌への売上の影響。
2　郊外型書店の増加と複合店への移行。
3　書店のOA化。
4　書店の年間千店を超える廃業。

これらが七〇年代から始まった書店をめぐる状況と環境の変化です。他にも挙げていけば色々ありますが、この四つに尽きるでしょうね。

――能勢さんの書店に関する四つの視点を、私の専門の戦後社会論や郊外論に絡めて少し補足しますと、戦後社会は高度成長期を終えた七〇年代に第三次産業就業人口比率が五〇%を超え、それまでの生産社会から消費社会へとシフトしていく。

その過程で新しいビジネスが誕生します。それらがコンビニ、ファミレス、ファーストフードといった業種で、続いて紳士服の量販店の洋服の青山などの衣料関係が続き、いずれも最初は町中から始まりましたが、車の保有率の増加とモータリゼーションの時代を迎え、立地が大駐車場を備えられる郊外へと移っていった。これがいわゆる郊外店の始まりです。

能勢　書店の郊外店第一号は名古屋の三洋堂の七五年出店だとされています。

今挙げられた業種は大体七〇年代前半ですから、書店の郊外店進出も比較的早かった。それから1のコンビニですが、九〇年代にはわずか二〇年で五千億円を上回る雑誌売上高を占めるようになった。

5　コンビニの出現

――ものすごい売上です、しかもゼロから始まっている。それに類するものは当時雑誌スタンドしかなかったし、コンビニの普及とともに消えていった。九〇年代には四万店を数え、出版物売上シェアの二割ほどが実質的に書店からコンビニへと移ってしまった。

能勢　その売上高ばかりでなく、コンビニというのは象徴的で、すべての変化を先取りしていましたね。

どの店もそうでしたが、商店街の中にあるのがそれまでの常識だった。ところがコンビニの場合、出店が旺盛だったこともあって、たちまち郊外が立地の主流になってしまった。だからコンビニが立地を変えた主力だったと見なせる。それから商品の新しい組み合わせですね。その中に雑誌とコミックが組みこまれ、主たる集客アイテムとなった。また商店というスペースの新たな確立に加え、営業時間の延長もあります。

――それまでの商店街の場合、大半が十時開店で、八時頃までには閉店していたので、営業時間が圧倒的に長くなった。

能勢 さらに特筆すべきはコンピュータの導入、つまりＰＯＳレジを入れたことです。コンビニの出現がひとつの革命であるとしたら、立地、商品、スペース、コンピュータ化などの改革を先駆けて実践したことだと思っています。それと一番大きいのはコンピュータによって、売り方を変えてしまったことでしょうね。

――なるほど、能勢さんが挙げられた七〇年代における書店の状況と環境の変化も、コンビニが先行していて、書店も実質的にはそれに追随したとも考えられる。

能勢 九〇年代に主流となったレンタル複合店にしても、コンピュータ化とＰＯＳレジがなければ、そこまで成長しなかった。それと書店現場におけるレンタルで利益を得るという発想も普及しなかったでしょうね。

――それらの結果として、言葉は適切でないかもしれませんが、書店の勝ち組と負け組が生じるようになり、４に挙げられた年間千店を超える廃業が起きてしまった。とりあえず単純にいってしまうとですが。

能勢　本当に単純にいってしまいますと、確かにそうでしょうが、それで割り切れるものではないし、書店特有の商売の難しさ、その歴史と地方文化に対する大きな影響というものはそのことだけで測れませんしね。

――　能勢さん、そのことに関して最初から大きな問題を取り上げて恐縮ですが、やはり書店のすべての問題の背景にある利益の上がらない構造をまず確認してもかまいませんか。

能勢　どうぞどうぞ。

――　私の郊外論、及びロードサイドビジネス論から見ますと、コンビニにしてもファミレスにしても他の商売にしても、商店街から郊外への移動は単に出店や立地というハードが変わっただけでなく、仕入れ、流通、利益といったソフトの変革を伴っています。

先ほどもいいましたが、これらの郊外化は戦後社会が高度成長期から消費社会へと離陸した時期とパラレルで、私はここで近代から現代へと転換したと見なしている。これを各ビジネスの郊外店化に連結させると、現代への移行を物語るものだと判断できる。そして出店や立地のハードだけではなく、ソフトも現代システムへ転換させることで、それぞれのロードサイドビジネスは発展していった。例を挙げますと、ファミレスのセントラルキッチンシステムとか、ユニクロなどのＳＰＡ（製造小売り）といった現代システムが開発、構築されることによって、現代企業へと成長をとげていったことになる。

それに対して、書店の場合のことを考えると、出版物の再販委託制という近代システムはまったく変わらないままに、出店と立地だけが現代化してしまった。その根幹にあるのが書店の利益率で、色々な問題は承知していても、これが年間千店の廃業に確実に結びついている。

いきなり重いテーマになってしまって申し訳ないんですが、このような事情と数字には能勢さんが最も詳しいと思われますので、ここら辺のことも具体的に数字を挙げて解説して頂けませんか。

6　書店経営の苦しさと書店スト

能勢　書店の経営が苦しいことは今に始まったのではなく、戦後に限ってもずっといわれ続けてきました。それがピークに達したのは七二年の「ブック戦争」で、正味七五掛獲得運動が全国的規模に盛り上がり、出版史上初めての書店ストまで起きた。

――この書店ストに関しては「出版人に聞く」シリーズの参照文献にしている『出版データブック1945～1996』（出版ニュース社）の七二年トップニュースにすえられています。書籍部門についてのマージン増額交渉が容易に解決に至らず、トップニュースとして「社会問題にまでなった〝書店スト〟起こる」とあり、次のように記されていました。

わが国の出版史上、未曽有の大事件と騒がれ、〝ブック戦争〟と社会問題にまで発展した書店ストが、九月一日から一二日までの一二日間展開された。春以来協議が続けられていた日本書店組合連合会（略称・日書連）と、日本書籍出版協会（略称・書協）の正味問題をめぐっての話し合いが決裂、日書連が一部出版社の商品を取扱わないという実力行使に突入したためである。

人件費の高騰などにより、経営難を訴える小売書店側の手数料引上げ要求にはじまったこと紛争は、結局、小売書店の取り分を二％アップしたことで決着がつき、一二月一日以降の新刊・重版から新正味制に移行した。

六八年頃から出版界の景気は停滞、売上げ鈍化の出版不振の背景がこの書店ストを長びかせた直接の原因ともいえるが、複雑な出版界の〝お家の事情〟を浮彫りにしたものであった。

残念なことにこの時私はまだ学生で、出版業界に入っておりませんでした。ですから能勢さんほどリアルな記憶があるわけではないですし、「書店スト」も読者としておぼろげに覚えているだけです。でも考えてみれば、これもすでに四十年近く前の出来事で、出版業界でも体験した人のほうが圧倒的に少数となっている。

このシリーズ３に登場してくれた緑風出版の高須さんが中央経済社に入ってすぐに体験したことを語ってくれましたが、六十代以下の人はそんなことがあったんですかというのが正直なところだと思います。だからこのような客観的な出版史の記述を挿入しておいたほうがよいのではないかと判断し、挿入したわけです。

能勢　それでいいんじゃないでしょうか。体験したといっても、出版社、取次、書店とそれぞれの立場で、印象も随分異なるはずです。でもひとつだけ付け加えておきますと、あれほど書店が団結し、盛り上がったことはなかった。

――それには必然的な事情が絡んでいた。

能勢　ええ、そうです。七二年当時の全国の決算上の小売業の平均粗利益率は二六・四％でした。これに比べて書店の場合、わずか一七・三％と全小売業の最下位に属していました。

7　書店の正味問題

――出版業界における書店の位置がそこに象徴的に表われていたのですね、出版社から始まる上意下達的な構造そのものが。これは正味問題にすべてがつながっていく。

能勢　そう、正味問題につきるわけです。この正味問題の歴史は古く、戦前から東京書籍商組合が運動を起こしていますが、戦争によって中断してしまい、それが現在まで引き継がれている。つまり半世紀以上にわたって、正味問題、書店の利潤獲得が叫ばれてきた。その大々的な書店の統一行動が七二年の書店ストでした。

これが出版史に記されたような一応の解決は見たものの、このような統一行動は独禁法に抵触するとの公正取引委員会よりの警告を受け、書店の正味獲得運動は停滞し、その後の四半世紀は沈黙を守らざるをえない状態に置かれ、九〇年代を迎えたのです。

文庫やコミックなどの正味改訂はあったにしても、統一的な改訂は行なわれていない。それに出版社、取次、書店の利益構造は三者三様で、書店だけが売買差益による硬直的な利益構造に終始してきた。
それにトーハン、日販の二大取次の寡占化、書店系列化、帖合戦争も激しく、業界三者が協力して正味問題を解決するところまで持ちこむことはとても難しい状態になる一方だった。それが書店スト以後の歴史でしょうね。

―― よくわかります。他のロードサイドビジネスでしたら、儲かる現代システムを開発して、郊外店化を展開していったのに、書店だけはそうではなかったことの証明になりますね。

それと思うのは七〇年代でしたら、書店のストライキに見られるように、本を業界三者で取り囲んで、どうするかと論争していたのに比べ、九〇年代になると、本はそこにあるにしても、業界三者がそれぞれ背中を向けて取り囲んでいるような感じになってしまった。

8　出版社の出し正味

能勢　複合店が主流となることで、それに拍車がかかった感は否定できませんね。ここまで正味のことに言及しましたから、それらの数字も具体的に挙げておきましょう。

消費税導入以後の正味体系のうちの主要版元だけですが、以前はこれは日書連にも公開されていました。でも今では見られなくなっていると思います。これは私の『書店の利益管理』（日本書店大学）ほかいくつかの著書にも掲載してありますから、ここで再び公開してもかまわないでしょう。

まずは定価別段階正味です。

五一五円以下……………七六・五掛
五一六円～八〇二円…………七七掛
八〇三円～一七五〇円………七八掛

一七五一円～四三二五円……七九掛
四三二六円以上…………八一掛

――比較的低定価の文庫はどうなんでしょうか。

能勢　文庫はほとんどの出版社が七七・五掛です。次に主要版元の正味を示します。「掛」は省きますが、もちろん出し正味です。

朝日新聞社　七九
　　七七・五　文庫
明日香出版社　七七
岩波書店　七七　文庫・ブックレット
　　八一　新書、児童書
　　八二　単行本、辞書、六法
　　八三　高額書籍
旺文社　定価別
　　七六・五　五一五円以下商品
オーム社　八一・五

八四　学会商品
八五　電気協会商品
偕成社　七八
七七・五　五一五円以下商品
角川書店　七七・五　文庫
七八・五　五一五円以下商品
七九　単行本
八二　専門書
河出書房新社　定価別
学研　定価別
七六・五　五一五円以下商品
七七・五　手のり文庫
教育書籍　七四　学参
七九　一般書籍
教学研究社　七五
講談社　定価別
七七・五　文庫
八二　専門書、豪華本
光文社　定価別

　　　　　　　七七・五　文庫
産能大学出版部　七八
三省堂　　　　　定価別
　　　　　　　七六・五　五一五円以下商品
鷺書房　　　　　七三
集英社　　　　　定価別
　　　　　　　七七・五　文庫
　　　　　　　八二　豪華本
主婦と生活社　　定価別
主婦の友社　　　定価別
小学館　　　　　定価別
　　　　　　　七七・五　文庫
　　　　　　　八二　豪華本
昭文社　　　　　七一　地図
　　　　　　　七七　ガイドブック
新潮社　　　　　七七・五　文庫
　　　　　　　七八　一般書
　　　　　　　八二　一万円以上の商品
実業之日本社　　七八

数研出版	定価別	
青春出版社	七八	
成美堂出版	定価別	
	七六・五	スポーツ文庫
誠文堂新光社	定価別	
	七六・五	五一五円以下商品
	八一	玉川百科
増進堂受験研究社	七六	
大修館書店	七九	一般書
	八一	専門書
	八三	大漢和辞典
高橋書店	七〇	絵本
	七五	日記
	七七	実用書
ダイヤモンド社	七九	
筑摩書房	七七・五	文庫
	七九	一般書
中央経済社	八〇	
中央公論社	七七・五	文庫

	七九	一般書
	八二	豪華本
中経出版	七七	
東京大学出版会	八二	
東洋経済新報社	八〇	
	八二	一万円以上の商品
徳間書店	定価別	
	七七・五	文庫
永岡書店	七七	
日本経済新聞社	七九	
日地出版	七一	地図
	七七	ガイドブック
日東書院	七五	
日本交通公社	定価別	
日本実業出版社	七七	
日本文芸社	七七	
日本放送出版協会	七八	
	八一	一万円以上の商品
白水社	八一	文庫・一般書

博文館新社	七五　カレンダー
	七九　日記　事前注文分七三
早川書房	七七・五　文庫
	七九　一般書
ＰＨＰ研究所	定価別
	七七　文庫
扶桑社	七七・五　文庫
	七八　一般書
文英堂	定価別
	七〇　ヤングスタディ
	七五　小中問題集
福武書店	七七・五　文庫
	七八　一般書
文化出版局	定価別
文藝春秋	定価別
	七七・五　文庫
平凡社	定価別
ポプラ社	七八
	七七・五　五一五円以下商品

三笠書房	定価別
	七七・五　文庫
みすず書房	八〇
未來社	八一
明治図書	八〇
山と溪谷社	定価別
有斐閣	八〇　新書
	八一　専門書

――私たち零細小出版社から見ると、溜息の出るような高正味が並んでいますね。これも本シリーズ3で、緑風出版の高須さんもいっていますように、流対協加盟出版社の大半は六八掛で、それに歩戻し、支払い保留等があり、それらの仕払い条件も含めれば、実質的に六〇掛を割るとされています。

ただ古い出版社でも低正味のところもあると聞いていますが。

9　実用書などの出し正味

能勢　一般的に低正味商品は暦、絵本、地図、実用書、ドリル等です。これらは読者が出版社を指定せず、店頭陳列の中から選んで購入する性格を帯びています。それらも挙げておきましょう。ただこれらは取次ルートと直販、季節前仕入れなどの条件によって、数パーセントの変動があります。こちらも「掛」は省略します。

高島暦	四〇
神宮館・暦	四〇・五
昭文社・地図	七一
日地出版・地図	七一
教育書籍・学参	七四
文英堂・小中学参	七五
教学研究社・学参	七五
増進堂受験研究社	七六
日東書院	七五

博文館・日記　七三
高橋書店・日記　七五

――暦は圧倒的に低正味で、今でも年末年始には書店に平積みされている事情がよくわかります。こうした低正味には出版史の様々な事情が潜んでいるのでしょうね。

能勢　これらの取引事情にここではふれませんが、書店の側から見ますととても有難い商品です。何といっても粗利は他のものに比べ三倍あるわけですから。それこそ七〇年代までは実用書系の絵本類などもよく売れましたので、売上というよりも利益率にとても貢献してくれました。

――でもあらためてこれらの出版社の正味リストを確認しますと、ここに出ていない医学書は別に置き、学術書、専門書の正味が高く、それに総合出版社の一般書が続き、次に学参、実用書、地図などがあるといった構成になっているとわかる。もちろん創業年や取次との関係も大いに作用している。

能勢　高須さんは創業年によって正味が下がっていくことを流対協加盟出版社の例をとって説明しておられますが、福武書店などを見ると、そうとばかりはいえない。おそらく取次との関係、仲介者などの存在によってものすごくちがう。例えば、ここに挙がっていない幻冬舎の場合は新規だったにしても、出身の角川書店と同様の正味ではないかと推測できる。ですから言葉は悪いが、政治的にして密室的なもので、オープンで明確な基準があって決められたわけではないのです。

――しかしここで能勢さんにあらためてうかがいたいのは、これらの出版社の高正味が取次の大手書店への卸し正味とほとんど変わらないことです。

これはシリーズ4の中村さんへのインタビューの中で、彼が鈴木書店における高正味問題、それと取引書店に対する卸し正味に言及していましたが、取次の大手書店の場合は統一正味で、七〇掛の後半だと見ていい。そうしますと、取次は七七掛以上の正味の場合、トントンか赤字、八〇掛を越えた場合、赤字どころか、売れば売るほど損をするという構造になっているのでしょうか。

10 取次マージンの推移

能勢 はっきりいってそうだと思います。ここに挙げた正味リストは少し前のものですので、倒産してしまった出版社もあり、現在では多少の変動、つまり少しばかりの切り下げやバックマージンの変更はあったにしてもほとんど変わっていない。

――でもこれも奇妙な構造ですね。日本の出版業界の売上は四千社のうちの上位二百社で八割が占められているという試算を目にしたことが以前にありました。これらの上位出版社は大半がこの正味リストにあるように高正味だから、取次の場合、これも統一正味の大手書店との取引では利益が上がらない仕組みになっている。

能勢　大手取次と大手書店の関係はそうです。ところが大手取次の利益率は近年大幅に上昇しているわけです。戦前は取次マージン五％、戦後は八％といっていました。しかし決算数字から見ると近年は一二、三％です。当然のことながら、失われた十数年で、大手取次も売上が落ちこんでいるにもかかわらず、赤字になっていないのはひとえにその利益率の上昇にあるといっていい。

――それはどういうことなんでしょうか。

能勢　これにはふたつのことが考えられます。ひとつはこの正味リストに挙がっている大手・老舗出版社の書籍は利益が上がっておらず、それ以外の中小・新規出版社の書籍によって利益を得ている。その端的な例として、新規出版社の口座開設の場合、実質的に六

○掛を切っているというのが例証的で、こちらは一五％以上のマージンがある。もちろんこうした例の一社だけで儲けが出るとはいいませんが、こうした二重構造になっていることだけは間違いない。

ふたつ目はＣＤやＤＶＤといった第三商品が取次経営に大きく寄与しているし、そのことの反映が利益率の上昇に表われているのでしょうね。

――ということは取次も大手・老舗出版社の書籍では儲けておらず、マス雑誌とコミック、それにグロスの中小・零細出版社の書籍、及び第三商品で利益を上げている、そんな感じですか。

11　書店の粗利益率

能勢　だからこのような取引構造の歪みは販売差益から生じる利益による書店に最終的な皺寄せがきてしまうわけです。失われた十数年であっても、出版社はＤＴＰの導入によって制作費の大幅な削減が可能になり、サバイバルしてきた。それに少ないとはいっても、一冊でもヒットが出れば、数年は持ち応えられる。取次は見てきましたように、仕入れマージンの調整によって、こちらもサバイバルしてきた。しかし書店の場合、出版社や取次と異なりますから、最もサバイバルが難しいわけで、それが年中無休、長時間労働、従業員のパート・アルバイト比率の増加は大手書店でも当たり前で、中小書店に至っては休日返上と低賃金で経営危機をしのいでいるのが実態です。

七二年の少しばかりのマージンアップはどこへやらで、二十年後の九一年の日書連の「書店経営白書」の報告に見られるように、中小企業の経営指標では全国全小売業総平均粗利益率は三一・三％であることに比べ、書店は二二・八％で、平均より八・五ポイント低く、下から三番目になっている。これは次ページのグラフを参照して下さい。

―― それからまたしても二十年近くが過ぎ、出版業界全体が危機に追いこまれ、消えていく書店が続出し、現在に及んでいるというわけになりますね。

ここから能勢さんに現在の書店も含めた出版業界に対して、色々な提案や向かうべき方向などをうかがえば、それこそ一巡して終わってしまいます。しかしせっかくこのような機会が得られたのですから、今に至る能勢さんの出版業界史、しかもそれは五十年にわたるわけですから、それぞれの書店、出版社、取次体験をお聞きした上で、とりあえずの結論といったところへともっていきたいと考えています。

売上高対総利益率（粗利益率）

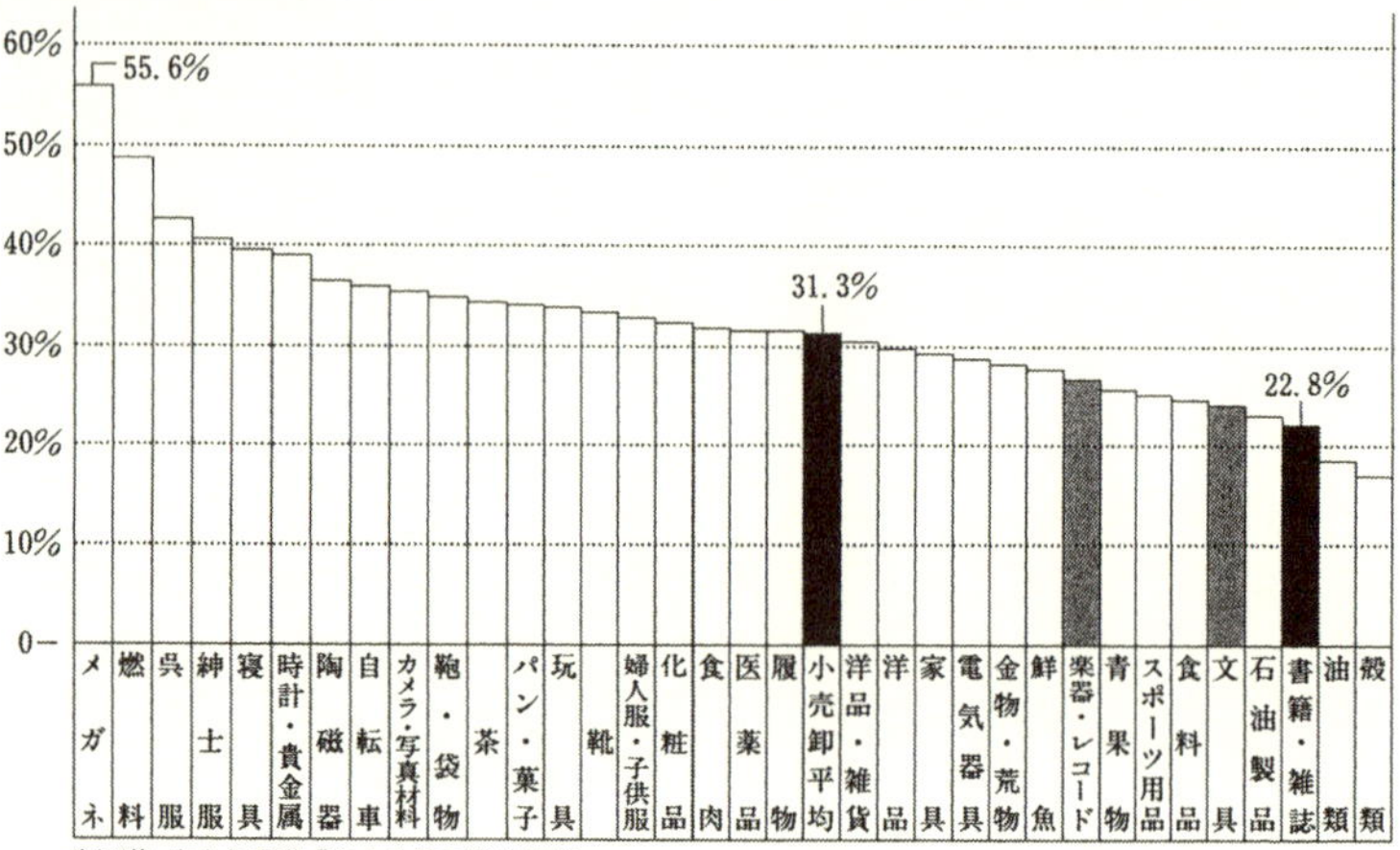

〔出所〕中小企業庁「中小企業の経営指標」

東日本大震災と出版危機が重なってしまったこともあり、当初の予定と異なり、長いイントロダクションで、本当にすいませんでした。よろしくお願いします。

12　多田屋のこと

能勢　いいえ、かまいませんよ。本当に危機なんですから。こちらこそ、よろしくお願いします。

――　このシリーズは「出版人に聞く」と銘打っているのですが、「出版人」を選んだのは広い意味での出版関係者、つまり出版社、取次、書店、古本屋などのすべての出版インフラ関係者を含んでというコンセプトからです。ただ

「出版人」にこめられているのは「出版」と「人」であって、それぞれの「出版」と「人」のつながりから始め、専門的な本の話へと進めていく構成を心がけています。そのほうが専門的な内容と親しみやすい読み物の両面がマッチするのではないかと考えたからです。

能勢さん、それでは恐縮ですが、出版業界も大半が戦後生まれで、戦前の書店のことは体験していないし、ほとんどの人が知りませんので、多田屋のことを含めて、あらためて自己紹介して頂けないでしょうか。

能勢　多田屋のことは尾崎秀樹・宗武朝子編『日本の書店百年』（青英舎）にも出てきまして、そこに「多田屋略年表」と私の両親へのインタビューが掲載されています。多田屋は文化二年（一八〇五）創業とされていますが、これは千葉の東金で医業を営んでいた能勢尚貞が私塾を開き、そのうちに塾に必要な『四書五経』や筆墨を売ったりするようになったのが始まりです。

それで明治五年の学制公布に際して、学校教科書の発行販売の権利を得て、千葉県中の教科書供給会社を千葉で立ち上げた。それを仕切ったのが三代目の能勢土岐太郎で、弟二人を千葉に派遣し、それが千葉の多田屋の発祥となった。昭和の初めには千葉県における草分け的チェーン店を形成しました。その土岐太郎が私の祖父です。この長男の鬼一が四代目を継ぎ、東金の町長を兼ねていた。私の伯父の五代目潔はやはり一族の出で、戦前から八日市場店の経営をまかされ、土岐太郎の末娘、つまり私の伯母と結婚し、戦後になって多田屋を法人化し、チェーン展開に至るわけです。

――取次はどこでしたか。

能勢　北隆館です。店売りだけでなく、地方取次や出版も兼ねていたようで、戦前の地方老舗書店と同じ営業形式だったんでしょうね。

――ということは能勢さんの場合、多田屋で産湯を使い、物心ついた時からずっと書店環境の中で育ってきたことになる。

能勢　まさにそうですね。

――私はある地方書店の倉庫で、取次の送品用の箱を見たことがありますが、戦後もかなり後まで木箱だったのですか。

能勢　木箱の時代は長かったし、開けるためには釘抜きが必要でした。ダンボールに変わっていくのは一九六〇年代に入ってからのように記憶しています。今の出版業界の人から見たら、信じられないかもしれませんが。

13　女学校教師時代

――出自、環境、立場と三拍子揃っていたにもかかわらず、能勢さんは大学を卒業してすぐに実家にも戻らず、出版業界にも入らず、高校の先生になられた。ここら辺の事情はどうなんでしょうか。

能勢　それは頼まれたこともありまして、中野にある女学校に勤めるようになりました。私立宝仙学園高校というところで、日本史を五年ほど教えていました。そのうちの三年間はクラスも持たされ、教え子に後に女優となる江波杏子、田村奈己、作家の山手樹一郎や写真家・眞継不二夫の娘さんとかもいました。

――私などは能勢さんが大学生だった頃に生まれているので、想像するしかないんですが、敗戦後の日本は今では考えられないような文化国家、社会の建設をめざそうとする環境の中にあった。だから本、映画、絵画、音楽なども希望にあふれている面が強く、四九年の石坂洋次郎原作、今井正監督の『青い山脈』などはそんな戦後民主主義の始まりというか、解放感を描いている。これは四七年に『朝日新聞』に連載された小説で、能勢さんの大学生から教師に至る時代とまったくパラレルです。そういう戦後のすごく明るい時代を背景にして、学生生活を送り、高校の先生をやっておられた。ですからどのような教師だったのかを語って頂けませんか。

能勢　校長が私を書店の息子だと知っていたこともあり、すぐに図書室の担当を命じられました。その学校自体が非常に図書館活動と本の充実、文学や読書はもちろんのこと、コーラスなどにも力を入れていて、文化活動に熱心だった。バレーなどのスポーツも盛んではありましたが。

だから図書室はすごく立派で、教室二クラス分の閲覧室があって、そこには百二十人収容可能だった。その他にブラウジングルームといって、談話室も備わっていた。

ちょうどその頃、道徳教育がカリキュラムに入ったんです。ところが私もそうでしたが、道徳教育はどの先生も嫌っていて、そんな授業はしたくない。それでどうするかというと、道徳教育の時間には「図書室に行って本を読め」ということになってしまった。外に行って体操をさせる先生もいましたが。

その時、私は自分が図書室の担当をしているので、自分が使うのを遠慮して、できるだけ他の先生の利用を優先させていた。

――能勢さんはどうしていたのですか。

能勢　私は教室で本を読ませたり、また音楽室にレコードがいっぱいあったので、それらを聴かせたりしていました。まだビートルズのような音楽は出現していなかった。ちょうど五〇年代後半、つまり昭和三〇年から三五年にかけてですね。

――今から考えると信じられないような時代に映る。そのような牧歌的時代が女子高にあったなんて、管理教育全盛時代の生徒たちには想像もできないでしょう。それにまだ社会ものんびりしていた。

能勢　給料も安かったけれど、物価も安かった。新宿でお酒を飲むと一本五〇円だった。その頃、調布に住んでいましたが、まだタクシーが初乗り七〇円の時代でしたから、新宿から五百円あれば、タクシーで帰れました。

あれが私の一番の青春時代でしたね。生徒は私と七つぐらいしかちがわないし、私も若く、生徒たちもまた若かった。先ほどの『青い山脈』に共通する気分が学校にもあふれていた。

――講談社のロマン・ブックスに鳴山草平の女子高の独身教師を主人公とする「きんぴら先生」シリーズがあって、よく読まれていた。鳴山草平の名前は文学辞典などにもはや見つかりませんが、それなりに戦後の人気作家だったと思われます。その他にも多くの小説や映画にも女子高と教師を描いたものがあり、能勢さんはまさにその渦中にいたことになる。

時代は少し後になってですが、私の知り合いの高校教師で教え子と結婚している例をいくつか見ています。能勢さんも絵に描いたような若くて独身の教師だったから、さぞかし女子生徒から人気があったのじゃないかと推測しますが。

能勢　まあ、それはお察しにまかせますが、色々あって楽しい時代でした。『青い山脈』やロマン・ブックスじゃないけれども、生徒ばかりじゃなくて、教師そのものも一種独特の戦後の時代を過ごしていたことになるでしょうね。私の場合は生徒とそれほど年もちがわなかったし、まだいまでも私をよんで同窓会を開いてくれています。

14　女学校の図書館と読書

――そういった話を色々とうかがうと楽しいでしょうが、残念ながら今回はあきらめて、図書室のこともう少しお聞かせ下さい。

能勢　石原慎太郎の『太陽の季節』が新潮社から出たのが一九五六年で、芥川賞をとり、これがよく読まれました。当時とすれば、内容はショッキングなところもありましたから、図書室に置くことにクレームもつくかと考えなくもありませんでしたが、それはまったくなく、生徒たちはよく借りていきました。

その時、『太陽の季節』をどこに置くかという分類と選別の問題、後に書店で直面する選書と棚づくりのことを初めて考えたような気がします。私は読書教育に力を入れていましたので、図書室のここに置けば読むだろう、借りていくだろうと絶えず分類のことが頭にあった。置く場所で借りられる率がまったく異なってくるからです。

――　能勢さんの本籍地と現住所といった本の分類コンセプトはそこから始まったわけですね。それから取次に仕入れにもいっていた話を聞いていますが。

能勢　ええ、東販へいきました。まだ東販が九段下にあった時代で、月に二回、土曜日は半ドンでしたから、午後に図書委員の生徒を連れていった。その際に同行してもらったのは中野の大谷書店で、東販の店売で買ったものをこの書店経由で図書室に入れてもらっていた。

――　生徒に自由に選ばせていたのですか。

能勢　もちろんです。好きなように本を買わせました。教師からのリクエストもありましたけど、やっぱり生徒が選んだ本がよく借りられるとわかっていましたし、それが図書室の貸出率の向上につながると信じていた。また実際にそうなった。
あの頃は生徒個人の図書帯出カードというものがあるわけです。私は生徒の卒業の時に、それを全員に渡しました。あなたの高校時代の読書歴はこうでしたよという証明ですね。

――　読書通信簿というと語弊がありますが、それに類するものと考えていいでしょうか。

能勢　そんな感じですね。まだ一般的に本が売れている時代じゃなかったですけど、読む子は年間七十冊とか八十冊読んでいた。白水社の『チボー家の人々』や三一書房の『人間の条件』が出ていたり、出始めていたので、それらを全巻読んでいる子も何人もいました。

――　そういう話を聞きますと、能勢さんと教え子、そして私たちの時代は本を通じてつながっているんだとわかります。『チボー家の人々』でまず思い出されるのは小津安二郎の『麦秋』で、北鎌倉駅のホームで原節子と二本柳寛が交わす『チボー家の人々』をどこまで読んだかという会話です。これは五一年の映画ですが、その年に生まれた私なども高校時代に『チボー家の人々』や『人間の条件』を読んでいましたので、戦後の読書の時代はそのままつながっていたことになる。

そのような時代の環境というのかムードは再現することは不可能ですが、たとえ少ないにしても社会や学校も読書が重要で大事だとする雰囲気に包まれていたんでしょうね。

15　教師、読書、書店

能勢　勤めていたところが女学校だったこともあるのでしょうが、田中賢さんという校長が読書に非常に力を入れていたことも大きい。卒業させる時に読書の喜びといったことを覚えさせてほしいと常々いわれていた。

——まさに時代を感じさせます。今そんなことをいっていたら、校長にはなれないし、私の友人にも高校教師が何人もいますが、本を読む教師自体が少数派というよりも、もはやほとんどいなくなってしまったという声を聞いてから、十年以上になる。

能勢　それは教師だけでなく生徒も不幸にしているのかもしれません。私は海外にいった時に老人施設なども見学するようにしているのですが、そういったところでも本を読んでいる人は幸せそうに見えますね。おそらく若い頃から本を読むことをしてきたとわかります。

これは多田屋に入ってからのことですが、多田屋に千秋社という出版部があった。そこで老人用の大活字本を企画して出そうと思い、老人施設の館長にどういう本を出せばいいのかと尋ねた。そうしたら大半の老人はテレビ、カラオケ、旅行などは好むけど、本なんかはまったく読まないとの答えが返ってきた。それで読書というものは若い頃から身につけなければいけないと実感した。だから大活字にして、昔読んだであろうと想定する名作を復刻すれば売れると思っていたのは間違いだったと悟りました。

そこでその老人たちの年令のことを考えてみると、成長してきた社会や環境の中に書店や図書室がなく、本に接して読書をする機会が持てなかったのではないか、だから書店や図書室は必要だと身にしみて思いました。

―― 書店のことは後でふれますので、図書室のことでいえば、敗戦後にGHQの方針で、教育改革の一環として、五〇年に図書館法、五三年に学校図書館法が成立し、現在の公共、学校図書館の原型が誕生することになりました。

前者はともかく、後者の学校図書館法の成立は能勢さんの女子高の図書室に投影され、そこで戦後の読書の黄金時代が育まれた。私たちの時代における学校図書室のかなり充実した記憶というのはアメリカによる占領政策の反映でもあるわけです。

能勢　それもわかりますが、ただアメリカの場合ですと、図書館の利用の仕方が日本とちがうような気がしますね。

まず図書館の蔵書はハードカバーが中心で、高価な初版ハードカバーのシェアは図書館が多くを購入し、それから安いペーパーバック版が出るプロセスを踏んでいる。そのこともあって、向こうの大学の先生はあまり本を持っていません。

これらのことはものすごく単純化した上での話ですが、本の情報化、電子書籍化のことも含め、本好きの人たちのこれからの動向も気になるところです。ボーダーズは倒産し、バーンズ・アンド・ノーブルも苦境にあるようです。

16　公共図書館と学校図書館

――アメリカのリアル書店のことも出ましたので、少しだけ日本の出版業界の特殊性にふれておきますが、日本の場合は流通と販売は雑誌が主流で、それに書籍が相乗りするようなシステムでずっとやってきた。

ですから戦後の商店街の書店を考えてみても小さな雑誌店といったほうがふさわしく、地方である程度まとまった書籍を見れるのは公共図書館、学校図書室であったことは間違いない。そのこともあって、六〇年代までは書店、公共図書館、学校図書室が棲み分けができていた。

ところが能勢さんが指摘されたように、七〇年代から書店の雑誌売上はコンビニに奪われ、書籍のほうは公共図書館の拡大と増加によってバッティングしてしまった。公共図書館のこともいえばきりがないですけど、問題なのは学校図書室だと思います。私たちの世代までは『チボー家の人々』じゃないけど、能勢さん世代の学校図書室の充実への努力の恩恵をこうむってきた。

しかしこれは本シリーズ2の伊藤さんもいわれていましたが、現在の小中高の図書室は悲惨な状態で、図書室とはもはや呼べないようなんです。これは考えるとよくわかります。学校がコンピュータ化されていく。するとコンピュータ室を設けなくてはならない。といって新たに部屋を増やすわけにはいかないので、図書室がコンピュータ室の代わりに使われ、それとパラレルに本もなくなってしまった。

能勢　それは本当に問題ですね。当時はそこまで明確に理論化していたわけではないのですが、図書室の機能として三つのことを考えていました。それらは本を読むことは面白いと思わせること、つまりインタレストの喚起、そばにあること、こちらはアクセスビリティ、この二つが読むことにつながる、つまりリーダビリティですね。インタレスト、アクセスビリティ、リーダビリティの三つが揃って図書室が機能すると。

この前、松岡正剛の本を見たら、彼はもうひとつ、持てること、つまりポータビリティを入れていましたけどね。

これらの機能も別に学校図書室が備えていなくても、ネットがあり、公共図書館もあり、かつてと異なる規模の大型書店があるからかまわないという意見もあるかもしれませんが、それはちがうと思います。

――　先ほど言われた子供の頃から身につけなければならないのが読書習慣だからですね。

能勢　だから子供の読書習慣における教師と図書室の果たす役割と影響はとても大きいというのが私の変わらざる持論ですね。

――それは書店での能勢さんの持論でもあると推測しますが、おそらくそのような本や読書に関する哲学を身につけ、高校教師から書店へと移行した。これからその能勢さんの最初の転換をうかがわせて下さい。

第Ⅱ部

17 多田屋入社

能勢 教師を五年やって、多田屋に入り、二十五年を過ごすことになります。戦前私が小学生だった頃の取次は前にもお話ししましたように北隆館で、多田屋も地方取次も兼ねていたこともあり、東京から送られてきた本が一カ所に置かれ、そこに近隣の書店が取りにきていたことを覚えています。

でも私が入った一九五〇年代後半はもちろん北隆館の時代ではありませんから、取次は日販がメインになっていました。ただ当時の書店はまだ一書店一帳合ということではなく、東・日販とのダブル帳合もかなりあったようです。それが返品問題もあって、六〇年代から一帳合になっていったんじゃないでしょうか。

―― それは何となくわかります。当時の書店は小さかったこともあって、新刊、古本、貸本、雑貨などを兼ねていたところもあり、いくつもの取次や問屋が入っていた。でも私の印象だと、六〇年代が進むにつれて、新刊書店に統一されていったように思われます。

能勢 それは小さな町の書店ばかりでなく、多田屋のようなところも多角販売というか、四本の柱があったんです。本と雑誌、文具、レコード・楽器、玩具の四部門ですね。どうしてそういう業態になったのかは色んな経緯があるのですけど、最初に取り上げた正味問題に象徴されるように、本と雑誌だけでは赤字になってしまうので、四部門販売に至ったと見ていいでしょう。

この四部門販売で最盛期は五六億ぐらい売っていまして、内訳は本と雑誌六五％、文具一五％、レコード・楽器一五％、玩具五％でした。売上は本と雑誌が三分の二という圧倒的シェアですけど、粗利の問題からすると、文具にかなわなかった。だから本と雑誌というのは人手がものすごくかかるのに利益が上がらない効率の悪い商売だなと考えるしかなかった。

18　ヤマハの話

――たまたま楽器の話が出ましたので、お聞きしたいのですが、それはヤマハですよね。

能勢　そうです、ヤマハです。

――歴史的流れをきちんと確認しようと思っていることに書店と楽器販売の併業があります。明治から大正にかけての大阪出版業界のキーパーソンで、大阪書籍や開成館の社長三木佐助が著わした『玉淵叢話』という自伝があり、これは『明治出版史話』(ゆまに書房)として復刻されている。これを読むと、三木は明治半ばから書店に楽器部門を設け、オルガンやバイオリンの販売を引き受け、それがきっかけとなって山葉寅楠たちと日本楽器製造株式会社を創立する。これが現在のヤマハの前身です。そして三木の書店は関西における日本楽器の総販売元になり、さらに楽譜、唱歌集をも出版した。その中で最も有名なのはあの「汽笛一声新橋を」から始まる大和田建樹の『鉄道唱歌』です。

先ほどの戦後の文化云々ではないですけれど、これらの書店と楽器の関係も明治時代からつながっているもので、それが戦後までも続いていたんだとわかります。そういえば、地方の老舗書店はかなり楽器部門を抱えていましたが、そういった連綿たる歴史に基づいていたことになりますね。

ただ内実となるとまったくわかりませんので、この際ですから話の順序はひとまずおいて、それらの事情もお話し頂けませんか。

能勢　私は多田屋の書籍部長として、本と雑誌の専任だったんですが、時々楽器部長に頼まれ、ヤマハの総会などにも行っていました。その時に、出版業界と楽器業界がまったくちがうことがよくわかった。

――それはどういったことですか。

能勢　出版業界は拡材から図書目録、新たな出版企画に伴う景品などは無料で、ふんだんに書店に提供される。

ところがヤマハの場合、ただでくれるものはない。カタログをもらっても、必ず後で請求される。出版社は新企画の際に、書店の現場の人たち用に出版社や企画のロゴ入りジャンパーやエプロン、それにカバンなどをよく無料サービスで送ってきた。ヤマハの場合もそういった営業用のしゃれたジャンパーやコートがあるんですが、これももちろんただではなく、当然のように買うしかない。

ヤマハの総会はグループ会社が経営するリゾート施設の合歓の郷なんかでやるわけです。まずは東京駅集合ということで、その時間にいくと弁当を渡され、新幹線に乗っていく。向こうに着くと立派なホテルが用意され、サービスも万全で、土産まで用意されている。ところが帰ってきてから、弁当から土産に至るまで、すべて請求がきた。それでわかりました。メーカーとすれば、特約店システムで独占販売権を持たせているのだから、小売りが総会に出るのは義務であって、経費を負担するのは当たり前だという考えが浸透している。これがいわゆるメーカーと小売りの立場の関係だと。

ですから取次が間に入り、出版社が書店を招いて開く新企画発表会、あるいは出版社が開催する様々な親睦会とはまったく異なるものだった。

―― それが有名な川上源一のヤマハ商法に基づくものであっても、同じメーカーでも出版社とヤマハは異なるものだし、それに低価格商品の本や雑誌と再販委託制下における出版業界のよくいえば鷹揚な、悪くいえばいい加減な慣習とは一線を画している。でもよく考えれば、どちらがオーソドックスなのかという問いにもなりますね。

19　ピアノ百台を売る

能勢　それもいえます。すべてに請求がくることはともかく、メーカーとしての地域マーケットリサーチ、営業、販売促進、送品システムなども半端ではありません。一番多い時にはピアノが百台送られてきたことがあった。多田屋の市場では百台売れるはずだと自信を持っていってくる。

――それで売ったんですか。

能勢　全部売り切りました。そうなると打って変わって派手な大盤振舞的ムードになり、楽器部の営業マン全員をハワイ旅行に招待ということになった。もちろんピアノは本や雑誌の単価とは比ぶべくもありませんが、売上報奨は絶大なものがあった。

そのことで思い出すのは筑摩書房の有料カタログの件ですね。六〇年代から七〇年代にかけて、豪華本の時代があって、出版業界で初めて有料カタログを作った。確か豪華本でもかなり定価の高い鉄斎の本だった。版元にしてみれば、読者はきわめて限定されているので、そういった読者だけに渡ればいいと考え、百円の有料カタログにしたわけです。内容は百円どころではない立派なものでした。ところが書店の外商の場合、無料カタログを広くばらまいて部数を確保するシステムを採用していますから、有料カタログだとほとんど見向きもしない。

20　豪華本市場

――能勢さんのいわれる七〇年代の書店革命の中に豪華本市場の出現と成長なる一項

目があれば、書店の客単価の向上、新たなマーケットの開発、マーチャンダイジングの進化とまた異なった展望が描けたかもしれませんが。

能勢　確かに豪華本市場のことも注目する出版社も出てきて、講談社は別会社を設立し、書店を会場にして、豪華本から複製の掛け軸に至るまで幅広く営業活動を推進していた。

――私がそれこそ当時筑摩書房の営業から聞いた話ですが、豪華本の場合、読者が全国に三百から五百人はいると聞きました。ただ万単位の豪華本にしても、様々な分野のものが出ていましたから、すべてに当てはめることはできなかったでしょうが。おそらくそれらの数字は文学書の限定版豪華本の部数によっているのだろうと思っていました。

筑摩書房の豪華本企画で注目していたのは古版画集成で、あれは確か倒産があって実現に至らなかった。私はカタログではなく、束見本を持っていますが、日本の古美術のみならず、仏教、絵画、イコノロジー研究に不可欠なものだっただけに残念です。その後は同じような企画も提出されていませんし。

能勢　書店にとって豪華本はとても悩ましい問題でした。楽器部ではピアノのような高額商品を驚くほど売っているわけだから、それに比べれば高くもない豪華本でも売れるだろうと思うはずですが、現実にはそうはいかない。

私が女学校の教師をしていた時代に比べれば、日本社会はものすごく豊かになった。テレビなどの家電はほぼ普及し、今度は自家用車の時代になっていましたし、だからピアノも売れるようになっていた。つまり日本社会には高額な商品を買うヘビーユーザーが増え、豊かな社会が到来していた。デパートだけでなく、商店街の家電店やカーディーラーなどはヘビーユーザーがどんどん増えていった時代だったと思うんです。

私はその頃よくいっていました。書店は自分のマーケットをわかっているのかと。これは書店が顧客としてヘビーリーダーを持っているか、ヘビーリーダーが誰だかわかっているのかという問題につながるわけです。顔が見えるヘビーリーダーを抱えていれば、筑摩書房にしろ講談社にしろ、豪華本を持っていくことができますが、ヘビーリーダーが誰だかわからない書店もあって、同じ高額でも百科辞典や文学や美術全集と異なる豪華本の販売は難しかったというのが正直なところでしょう。

―― それはよくわかります。九〇年代に書店の廃業が多発するようになり、その際に返品不能品としての豪華本がものすごくあったと聞いています。おそらく外商が顧客に預けたままにしておいたものが売れずに返され、そのままになっていたものではないかと考えられる。一年に千店以上も閉店していたわけですから、それらを全部合わせればとんでもない量と金額になったようで、すべてがショタレ本として処置するしかなかったらしいし、古書市場でもリバリューされずに終わってしまった。

能勢　講談社は別会社をつくって、豪華本専門の巡回販売をやっていました。地方の老舗書店、もしくは会場を借りたりして、そこにお客を呼び、それなりに売れているように見えたけれども、外商が持ちこんだり、売掛けのままになったりして、実売率は低かったということでしょうね。いわば豪華本バブルで、バブルが崩壊すると不良債権になってしまったことをそれらのショタレ本が象徴している。

21　書店の雑高書低構造

能勢　それと思うんですけど、大都市型の丸善や紀伊國屋書店と異なり、地方の書店の売上比率はどうしても雑高書低の構造から抜け出せなかった。これは書店の責任というよりも、日本の出版業界が雑誌を中心にして始まったことが大きく作用している。欧米の場合は書店といったら、文字どおり書籍を売る店ですが、日本では雑誌店の色彩が非常に強い。雑誌とコミックの売上が半分以上を占める店も多い。基本的に雑誌とコミックは低価格ですから、それに比べて書籍も高定価はあまりつけられない。この雑高書低の構造が高定価の書籍を売り、高いマージンを確保する方向へと至らせなかった。

外商にしても、基本的には雑誌の配達が基本となっているので、百科辞典や文学、美術全集の販売促進が限界であり、豪華本までのヘビーリーダーを客層として開拓できていなかった。

――それは書店のみならず、出版社や取次をも規定しています。近代出版業界史をたどっても、明治は博文館、昭和は講談社に代表されますけど、いずれも雑誌がメインで、とりわけ講談社の場合、面白くてためになる大衆誌、婦人誌、少年少女誌と大量に刊行し、それらだけで新年号が出る月にはトータルで一千万部近い部数を発行していた。昭和戦前の出版業界はそれらのマス雑誌を中心にして、やはり書籍も低価格の円本、文庫、新書が主流となっていて、それらが戦後も続いた。

だから様々な意味での量から質へ、低価格から高価格の市場へと成長していかなかった。これも七〇年代における問題だったように思われます。だからそういった歴史構造的なものが書店現場にもずっと投影され、それは現在でもほとんど変わっていない。

能勢　それを象徴するのが小学館の学年誌、少女誌の『りぼん』と『なかよし』ですね。付録がいっぱいついていて、月の上旬に発売日が集中しているから、この時期に書店にいくとどこもおもちゃ工場みたくなっている。組み立てなければならないので、ものすごく手間がかかり、大変だった。それでいて低価格だから、薄利多売の典型的商品でした。最近はビニール袋に一括して入れるようになりましたが、それまではずっとその手間を書店が担っていた。

ただ付録は人気があって、集英社の『りぼん』の付録は女の子にはとても受けていた時期が長かった。多田屋の新店のオープン時に色々と景品を出した。そういうものを物色しに御徒町にいったんです。そうしたら『りぼん』の付録だけを売っている店がある。一個が確か十円か二十円だったので、千個ぐらい買ってきて、開店用の拡財にした。これは本当に好評で、あっという間になくなってしまった。

――　書店のほうからは付録についての苦情をいっているときりがありませんが、付録は絶大な人気があり、学年誌や少年少女誌、婦人誌に至るまで、日本の近代雑誌の不可欠なアイテムだった。それは私の推測ではプラモデルブームというのも付録の組み立てとつながっているはずです。

能勢さんが多田屋に入られた頃は付録も黄金時代だったと考えられますし、昨年付録も含んで復刻された少年画報社の『少年画報』の六〇年正月号を見て、当時の書店が輝いてみえたことを思い出しました。

その私の記憶からすると、地方の老舗書店はまだ本格的にチェーン展開をしておらず、坪数も今とは比べものにならないほどで、日曜日などは客であふれていた印象があります。でもすでにスーパーなどと同様にチェーン展開も始まっていたんでしょうね。

22 高度成長と書店

能勢　まさにそうです。七〇年代以前は高度成長に支えられ、団塊の世代の人たちの成長とともに読者は増えていく一方でした。そういう意味では業種業界を問わず、上昇気流の只中にありました。

――そうですよね。個々の店の商品構成や本の売り方などはこれまでのシリーズの今泉、伊藤両氏に興味深い話を聞かせてもらったわけですが、能勢さんには視点を変えて、六〇年代から七〇年代にかけての書店のチェーン展開の実態や動向をうかがいたいと、ずっと考えてきました。リブロのチェーン展開の話は中村氏からこれもすでに聞きましたので、能勢さんからはぜひ老舗書店のケーススタディを語ってほしい。付録の話も面白いのですが、そういったことは他の人からも話してもらえますし、能勢さんならではの話にならないと思いますから。またその後の能勢さんの軌跡もそれとかならずリンクしているはずですので。

能勢　私も今考えれば、高度成長の熱気の中にいたと思わざるをえないですね。出版業界も同様で雑誌も書籍も本当によく売れていた。これは信じられないと思うかもしれませんが、文庫や新書の時代でもなかったので、単行本もどんなものでも平積みすれば、間違いなく売れていきました。

そのような書店の渦中にいて、私は書店を読者と本をつなぐ実証の場だと確信するようになった。だからデータを基にした経営に徹するのであれば、マーケットに見合う商売ができるという考えに至り、チェーン展開を推進することになりました。といって当時はコンピュータもなかったので、データも限られていたと思いますが。

23　売上スリップと報奨金

――出店にまつわるマーケティングなどのデータを別にすれば、売上分析、動向の基本的資料はスリップ分析によっていたんでしょうか。

能勢　これは説明するまでもありませんが、当時の書店経営の視点から見ると、スリップの重要性はとてつもなく大きかったといっていいですね。コンピュータもなかったのと同様に、ＰＯＳレジもなかった。本にＩＳＢＮもバーコードもついていなかった。だから何が売れているかは売上スリップが基本的データであったわけです。

それとスリップが有している報奨券機能です。取次正味と入金歩戻しはチェーン展開して売上が上昇したとしても、一朝一夕で変えられるものではない。

ところがスリップ報奨金の場合は売上が上昇すれば、かならず増えてきますので、これが経営の側から見て非常に重要な位置を占める。一円を笑う者は一円で泣くではありませんが、文庫のスリップ報奨金は基本的に一枚一円です。しかしチェーン展開することで、その文庫スリップが一〇万枚になれば、一〇万円の報奨金となって出版社から戻ってくる。

さらにスリップは出版社の書店売上ランキングに反映され、それは書店への新刊配本パターンへとダイレクトに結びつき、また書店にとっては自分の店の全国ランキングもすぐにわかることになります。

――今泉、伊藤両氏からスリップ管理による仕入れと棚づくりについて聞きましたが、今の能勢さんの話は経営側から見られたスリップ論ということになりますね。

能勢　今泉、伊藤両氏のスリップ論は興味津々で読み、懐しい思いにかられました。ただ私の場合、最初はお二人と同じような環境と体験を経ているにしても、後に経営的視点が優先するようになり、レジの分野別売上を見て、売上スリップ内容の細かいチェックから離れてしまうことになりますが。

――今では売上スリップはコンピュータで読み込まれた分析データになって画面で見られるようになったわけですが、このシリーズでずっとスリップに関する様々な話を聞いていると、スリップの時代が過去のものではなく、現在でも重要なものであり続けていることがよくわかります。

それに反して、アマゾンで急ぎの本を買ったりしますと、スリップがそのまま入った状態で送られてくる。この事実に象徴されているのはアマゾンの販売手法が出版社でも著者でもなく、また分野別でもなく、ピンポイント的なもので、書店とまったく異なっていることが明らかになる。

能勢　だから私たちがめざしてきた地域の書店のチェーン展開による販売と異質なものがアマゾンです。

多田屋の場合、ナショナルチェーンを志向したのではなく、千葉県内にチェーン展開することを目的としていました。それは競合店が少なく、日販の協力もあってのことでした。でもチェーン展開のベースにあったのは地域の読者に歓迎され、役に立つ店づくりでした。ですからアマゾンのようなピンポイント的販売では成立しないので、店全体を売る、商品構成に工夫をこらした棚を売るといった視点が不可欠でした。それでスリップを始めとするデータ収集にも励んだわけです。

24　処女作『本と読者をつなぐ知恵』

――そのような多忙な仕事のかたわらで、能勢さんは七〇年代に様々な業界紙や新聞などに書店論、出版論を寄せ、現場の人間として最も多く発言してこられたと思います。

それが七九年に初めて上梓された『本と読者をつなぐ知恵』（産業能率大学出版部、〇五年出版メディアパル復刻）にまとめられ、書店に入って以来の六〇年代から七〇年代にかけての集大成になっています。

とりわけ『本と読者をつなぐ知恵』というタイトルが能勢さんの書店人の立場を明確に物語っていて、今日に至っても変わっていない視点を提出されています。あらためて読みましたが、戦後の書店論の集大成で、その問題と構造は何も変わっていないのに、書店を取り囲む環境とあり方、外部状況だけがドラスティックに変わってしまったことを痛感させられます。もちろん「本と読者」の関係も含めてですが。

まだパソコンもない時代に現場の仕事をこなしながらこれだけのものをよくぞ書かれたと思いますし、能勢さんの前歴が高校教師であり、それがそのまま書店学校の先生に転換したような印象も受け、そうか、能勢さんは根っからの教育者なんだとのイメージが浮かび上がってくる。

能勢　そんなことをいわれると照れてしまいますよ。若気の至りで書きまくったことを思い出しますから。ただ書き散らした側面もありますが、その当時考えたこと、感じたこと、記録しておいたことなどをそのまま書いたわけです。エクセルもワードもない時代だったので、確かに大変だったのでしょうが、若かったことや夢中で書いたゆえか、その記憶は残っていませんね。それにチェーン展開の責任者の自覚もありましたから、大変なども思ってはいけないと自分に言い聞かせていたこともあります。

そんなわけで、四年間は休日なしで働いた時期もあって、元旦は店が休みだったにもかかわらず、出勤していた。小学生の長男と長女がいましたが、学校の参観日には一度もいけなくて、女房まかせになってしまったほどです。

――それは本当にご苦労さまでした。私が想像するに能勢さんの多田屋時代が戦後の日本の書店の前期の近代編、平安堂時代が後期の現代編にあたるのではないか。

そのように考えてみますと、多田屋のチェーン展開も千葉県内での出店もまだロードサイド型郊外店が中心ではなく、フリースタンディング店、サテライト店、インショップ店、団地店などが組み合わされての展開だったと思われますが、そこら辺はどうだったんでしょうか。

25　多田屋セントラルプラザ店

能勢　前期の近代編と後期の現代編にわけられたのはきわめて適切ですね。前期にあたる自分の多田屋時代ですが、千葉の中央に大型店を出店しました。それは多田屋でも一番大きな店で、セントラルプラザ店といいます。ワンフロア四五〇坪で、デパートが撤退したフロアで、確かL字型でしたけど、奥行の長いところは七〇メートルもあり、キャッチボールができるぐらいでした。

当時の多田屋は千葉県内に競合店を抱えていて、単店でのトップの印象は薄かった。千葉の駅ビルにはキディランド、船橋の駅ビルには旭屋書店、柏駅前には浅野書店があって、キディランドを始めとして、どこもよく本を売っていました。

そうした書店状況の中で、四五〇坪のセントラルプラザ店を確保できたわけですから、これで専門書を本格的に売ることができると判断した。

――　四五〇坪というと当時としても相当の大型店ですよね。

能勢　どちらかといえば、駅ビルの競合書店はベストセラーを始めとするエンターテインメント系はよく売っていましたが、専門書は弱かった。そこでこの坪数を確保したわけだから、専門書を売るぞと思いました。それが予想通りほぼ実現しまして、千葉市内の読者も完全にふたつにわかれ、単価の高い専門書は多田屋セントラルプラザ店でという流れになった。

まだその頃は地方の書店が本店以外で専門書を売ることは敷居が高かった。人文書、法律書、経済書、理工書を売っている実績と経験が少なかったこともあって、商品の確保と返品問題には注意を払いました。それらの専門出版社ばかりでなく、中央公論社の新刊配本などは千葉市内に七、八〇店あったにもかかわらず、多田屋セントラルプラザ店と別の書店の二店にしか割り当てられなかった。それ以外は立地とスペースの問題もあって、交渉しても相手にされなかった。

――わかります、その頃までは出版社によっては書店に対し、まともに対応しなかったといいますから。

能勢　ところがさすがに四五〇坪という大型店ですと変われば変わるもので、立地とスペースを確保すれば、書店はまだやっていけるし、やりようもあるという実験になりましたね。

しかしそこで問題になってくるのは取次のことです。千葉県は愛知県と並んで、圧倒的に日販のシェアが高かった。東販を二か三とすれば、日販は八か七という割合じゃなかったかと思います。

――それはすごいですね。千葉の書店は外商も強く、学校などの職域も含めて、企画販売の実績には冠たるものがあった。それは書籍の日販の存在があって、地域全体で企画の販売促進に取り組むという環境が整えられていたことになる。

能勢　だから日販が及ぼしている影響はものすごいものがあった。それだけに私は東販に接近しようと思いました。戦後の取次は専門書の日販、雑誌の東販というイメージでやってきましたけど、セントラルプラザ店ができた頃は東販も専門書や書籍に力をつけてきて、日販と遜色はなくなってきつつあった。だから私は意図的に東販に接近しようとしたわけです。

――それには確固たる理由というか、きっかけがあったのですか。

26 取次、『アサヒグラフ』、万博ガイド

能勢 それは雑誌のことで二回ほど泣かされたことですね。ひとつは『アサヒグラフ』問題です。今はなくなってしまったあの大判の写真雑誌に関してで、六七年夏に地元の習志野高校が甲子園で優勝したことがあるんです。私も準々決勝から決勝に至った段階で、うまくすると優勝するなと思っていた。そうなれば、『アサヒグラフ』が大々的に特集を組むとわかっていた。

しかし千葉市内は日販帳合の近隣同士の書店ばかりで、日販に入った部数が少なかった上に、それをなかよく割け合うしかないので、多田屋のみならず、どの書店もあっという間に売り切れてしまった。

ところがたまたま多田屋の一七、八店のうちで、柏店だけが東販だった。だからそこを通じて、『アサヒグラフ』を六、七〇〇部仕入れ、売ることができた。習志野の人たちには充分に行きわたっていなかったので、それこそ飛ぶように売れました。雑誌の東販の力を見せてくれたし、取次も一社に依存することはよくないと学んだ。

――それがひとつで、もうひとつは何でしたか。

能勢　これもすぐその後でしたが、大阪万博があった。その時、大阪万博ガイドブックを出していたのは電通で、取次は東販一社だった。千葉からも万博へいく人は多かったが、そんな取次事情があって、ガイドブックはどこでも売っていなかった。日販に遠慮していたんですね。しかし多田屋では柏店を通じて仕入れ、かなりの部数を売ったことを記憶しています。これは買い占めに近い仕入れにもなるけれど、こういうこともあるから、取次への一社依存は融通がきかないので、かならず他社の口座も保険として開いておくべきだと実感した。

――これらのエピソードも能勢さんの書店世代の得難い体験ということになりますね。それ以後の多田屋における日販と東販のシェアはどうなったんですか。

能勢　そのうちに日販が千葉に支店を出したことに対抗するかのように、東販も支店を設けたこともあって、東販のシェアは上がっていきました。

ただ両取次の支店開設に明らかですが、書店もこれまでのような千葉県内だけの勢力争いの時代ではなくなってきました。

27　書店スト、図書館、大型店

――それこそ、あの七二年の書店ストの時も当事者として活躍されたと仄聞していますが。

能勢　あの頃は本当に日書連の力が強い時代でした。私は市書店組合副理事長として、組合員の店を回り、ブック戦争への協力を依頼した。ほとんどが協力的で、仕事をした甲斐があると充実感を覚えたほどでした。その結果、書店には正味二％ダウンの決定がもたらされ、その年の一二月以降の新刊、重版から新しい正味へと移行になったわけです。ただその時に専門書については例外措置があったために、二％ダウンがほとんど適用されなかった。これが後で考えると、正味一覧で示したような問題を残すことになりました。

でも今思い出しても書店ストは画期的出来事でした。多田屋の仕事はそっちのけになりましたが。岩波書店、白水社、講談社、旺文社、小学館の不買ストの実行にあたって、各書店は箱とか風呂敷で棚を隠し、社会問題となって、大きく報道されましたから。

――その一方では新たな状況が生じようとしていた。能勢さんは七〇年代の書店の様々な変化を挙げられましたが、同時代に公共図書館も変貌のとば口に立っていたと考えていいですね。具体的に述べておきますと、当時は公共図書館数は八百館しかなかった。それが九〇年代になると三千館近くに及ぶという三倍近い増加をたどっていくことになる。

能勢　その兆候はすでに感じられていました。まだＴＲＣはできていませんでしたが、紀伊國屋書店が千葉に店を出すとの噂も流れてきましたし、それもあって日販、東販が支店を設けたのではないかとも囁かれた。

その最初のターゲットは図書館だと考えざるをえなかった。今は七館になりましたが、千葉市内の公共図書館への納品を狙っているのではないかと。日販や東販が図書館部門に進出するとか、紀伊國屋書店だけでなく丸善も出てきたら図書館納品はすべてとられてしまうのではないかとの危惧も生じてきた。

――それは全国的なものだったんでしょうね。

能勢　そうです。各県で様々な動きがあったと思いますが、千葉市の場合、書店協同組合創立を働きかけた。多田屋でやってやれないことはなかったにしても、チェーン展開をしつつ、図書館受注も独占することになってはいけないと考えたからです。

各書店の出資、県中央会からの融資を仰ぎ、それで図書館納品は協同組合を通じてというシステムが立ち上げられた。私は組合の常務、営業部長に就任したために、これまた多田屋のほうの仕事は手抜きせざるをえなかった。でもそれは結果的に、多田屋がゴリ押しして図書館受注独占の方向に走らなかったことで、チェーン展開をスムーズに進めるために役立ったと考えています。

それに組合を創立したことで、出版社との協力関係が目に見えてよくなった。組合主催の講演会などに平凡社の下中社長や徳間書店の徳間社長もきてくれて、書店も勇気づけられた感が強かった。それまで大手出版社のトップが書店の小さな集まりに出てくれることはほとんどありませんでしたから。

―― 今になって考えると、書店ストや協同組合に象徴されるように、七〇年代が書店の売上も含めた力のピークだった。

能勢　まさにあの時代がピークですね。それに書店スト波及効果というのか、その後客数が明らかに増えました。それまで書店にこなかった人もくるようになった。書店ストが宣伝になったと思わざるをえませんでした。

しかしその後になると、書店ストに示された日書連の一致団結的な盛り上がりは二度と取り戻せなかったような気がします。八重洲ブックセンターができたのは七八年ですけど、この時も日書連が北海道から沖縄までの書店を東京に動員し、八重洲ブックセンター開店への反対運動を行なった。

当時大型書店の開店というのは中小書店にとっては大変な問題であったし、反対の声を上げた日書連の書店にしても中小書店が大半を占めていた。だからその中小書店の勢力が結集して、大型店としての八重洲ブックセンターへの反対運動が組織された。ところがブック戦争の後でもあり、商品や正味問題はいじれなかったわけです。

それと東京に八重洲ブックセンターができたからといって、北海道や九州の書店の売上が下がることはないですから、当然のことですが、ブック戦争のような実力行使には至らず、大型店の出現を許容する結果になってしまった。しかも他業種からの出店を。

―― そうですね、確かに八重洲ブックセンターが大型店の始まりだったでしょうし、それに続いて神田の三省堂書店や池袋のリブロの大型店化を見ることになる。

これまでお話をうかがってきて、能勢さんは七〇年代に書店に起きた四つの変化を指摘されましたが、それらに加えて、図書館と大型店問題を付け加えることができますね。

能勢 そういうことになります。六〇年代における書店の二ケタ成長は終わり、七〇年代になって一ケタ成長に入り、次第に返品率が上昇してきた。そのかたわらで図書館と大型店問題も発生し始めていた。しかしまだ出店すれば売れる、とにかくそれを資金にしてさらに店が出せるという余力は残っていましたね。

28 資金繰りと二／八の法則

――大型店化の問題で考えるんですが、七〇年代以前の書店はものすごく小さかった。私なども商店街の書店で育ってきた世代ですので、これは本当に実感です。

しかしあらためて思うと、これらの小さな書店が効率よく機能していて、戦後の出版業界を支え、成長させてきたのではないかという見解に至ります。小さかったけれど、委託の雑誌をメインにして、書籍は外商と客注で返品は少なく、店頭在庫も無駄が少なく、回転率はとても高かったのではないか。

近代的でないミニマーケットの典型だったといわれれば、それまでですが、出版業界自体が典型的なミニマーケットですから、商店街の小さな書店はそれを反映していた。もちろん正味を含めて問題は多々あったにしても、再販委託制もうまく機能していた。それを反映するように書店の倒産や廃業というのはほとんど聞かれなかった。

能勢　そのことで思い出すのは資金繰りのことですね。今では信じられない気もしますが、支払小切手は一二月、一月、四月とまったく銀行の通帳を見ないでも切れました。その時期からして年末年始と学参期の売上が想像つくでしょうが、それだけキャッシュフローが潤沢だったことになる。日教販を通じての学参に関する仕入れは延勘などもありましたが、逆にそれで六月に請求がたったりすると、キャッシュフローが乏しくなるので、断ったりもしていました。

――まだ先がありまして、多田屋時代のことばかりうかがうわけにはいきませんが、書店を経営する上で、最も力を入れたというか、配慮したことは何でしょうか。

能勢　これはよく買ってくれるお客さん、私の言葉でいえば、ヘビーリーダーをどれだけ固定客としてつかむかに尽きましたね。それはこのシリーズで今泉さんや伊藤さんが語っておられることとまったく同じです。

大体書店の場合で考えますと、二／八の法則がある。これは二〇％の商品で八〇％の売上があることをさします。縦長の書店の場合、入口から大体三分の一のところで、七〇％の売上が生じている。それと同じように書店売上の五％ぐらいは必ずヘビーリーダーが占めている。このシェアが一〇%、二〇%と上がっていけば、その店の売上と経営はとても安定したものになる。

――それは単なる消費者ではなく、読者を書店が見つけ、育てるということになりますね。

能勢 雑誌店ではなく、書店のコンセプトで考えれば当然のことですし、私も日書連の講演などでよく話してきました。例えば、週刊少年コミック誌を百冊売っていたにしても、近くにコンビニができれば、たちまち半分しか売れなくなってしまうが、書籍のヘビーリーダーの場合は離れていかないので、そのような読者の開拓に力を入れることだと。だから読者を差別するといってはまずいけど、いい読者は育てなければならない。そのためにはサービスが必要だというのが私の多田屋時代の自論でした。

29 書店の読者サービス

――そのサービスというのは具体的にいいますと。

能勢 これはもう六〇年代の話になってしまうのでピンとこないかもしれませんが、最も効果的なのは出版社のカタログやPR誌をプレゼントすることでした。岩波書店の『図書』を多田屋のヘビーリーダーに送っていました。岩波書店に読者リストを渡し、送って下さいと。これは後になって年間千円になりましたけど、それでも百人送っても十万円です。新聞広告やチラシに比べれば、本当に知れたコストです。

こういう提案を私がすると、それを読んでよその書店で買われたら困るという意見も出た。それに対して、私はどこで買われようとそれは本が売れることだから許容すべきだと言葉を返しました。でも読者は自分で頼んでいないのに送られてくるのは多田屋のサービスなんだとわかっているんですね。そこには何も書かれてないにしても。

―― そうしますと岩波の『図書』を始めとする出版社のPR誌、新潮社の『波』や講談社の『本』にしても、自社の読者へのサービスの意味合いももちろんあったが、書店のヘビーリーダーへのサービスという視点もあって創刊されたことになりますか。そういえば、書評紙の『週刊読書人』も書店のヘビーリーダー向けのサービスに使われていましたね。

能勢　ですから出版社と書店の固定客とヘビーリーダー向けにそれぞれのPR誌は創刊されましたし、出版社と書店の読者へのサービス意識は共通していたことになります。

人文書のヘビーリーダーへのサービスは文庫や新書の新刊案内も含むジェネラルな『図

書』から始まり、岩波の単行本読者ということになれば、より専門的な『未来』や『みすず』や『創文』までもサービスし、さらなるヘビーリーダーになっていくように誘導することもしました。それに当時はこのようなＰＲ誌でも隅から隅までよく読まれていましたから。

それから出版社のカタログ、出版目録ですが、これもきちんと揃えている書店は少なかったし、それに対応するように、様々な出版社協会から、専門的な分野別目録が出されるようになったのも七〇年代になってからのことでした。

―― 確かによく考えてみれば、『日本書籍総目録』が出されるのは八〇年代になってからですし、それまでは個々の出版社の目録やそうした専門的な分野別目録を見るしか、在庫情報は得られなかったわけですから、読者に対する実のあるサービスとなっていた。

30 多田屋チェーンのローテーション人事

能勢 雑誌でも書籍でもヘビーリーダーを分析され、獲得していた書店は大きくても小さくても、固定読者を固くつかんでいました。それに固定読者というのはその書店だけにいくのではなく、必ず多くの書店を回っているんですね。それで回ってから、よそにあったけど頼むという注文が圧倒的に多かった。

幸いにして多田屋の場合はチェーン店を形成していたので、注文品をお互いに融通でき、入手日数を相当に短縮できた。

私は多田屋チェーンを加算化し、XYZの理論と称していました。X店は三〇坪以下、Y店は三〇坪から一〇〇坪、Z店は一〇〇坪以上と考えていた。

社員というのは大体Z店にいきたがった。やはり大型店のほうがやりがいがあると思われたからでしょうね。でも私は小さいX店で雑誌と地図、中規模のY店で実用書と児童書、大型のZ店で専門書と高校学参のスペシャリストになってほしいと考えていたし、そこから書店の面白味とやりがいを発見し、成長してくれればと願っていました。そのようなプロセスを経て、ようやく店長にすえられるとの判断もありましたから。

――その結果はどうなりましたか。

能勢　そういうモチベーションに基づいて社員を配置しますと、それぞれの社員が各分野のスペシャリストに育ちますから、XYZのどの店に移動になっても、問い合わせの電話が入る。つまり社員の各分野の書籍に関する相互コミュニケーションを育むことになる。お互いに認め合って仕事をすることは職場のモラールの向上と労働の喜びを感じさせますからね。

そして書店の仕事というのは大型のZ店で何でもできるかというと、逆にそうではなく、小さいX店のほうが雑誌や地図などもよっぽど回転して、商品の動きをきっちり肌で感じ、数字でもわかることになる。これが単店ではなく、チェーン店のメリットだし、このようなローテーション人事を実行してよかったなと思いました。

―― その問題もすごく考えさせられますね。三〇坪から数百坪まではそういった社員人事やローテーションのうちに書店の仕事を深化させていくことができた。また書店現場のスペシャリストの養成につながっていた。

それに対して現在では千坪以上の書店はめずらしくないし、POSシステムも導入され、しかもそれらに基づいてチェーンオペレーションも展開されている。私の視点からいえば、書店は出版業界がそうであるように、あくまでミニマーケットなのに、他業種にならって無理矢理マスマーケットの論理を押しつけられてしまったような気がする。それは店舗規模、コストも含めた問題だと思うのですが。

31　トリプルウィンのシステム

能勢　それは完全にありますね。ただ取次はそこまで考えているとは思いませんが、例えばはっきりいって日販のトリプルウィンの場合、あれは使うと現在の書店のオペレーションは中学生でもできます。自分の頭を働かせる必要がないからです。

ここに千坪のスタンダードな店を出すとします。そうすると、こういう店にしたらどうかと取次が図面を描いてきます。書店側からの図面に対する意見も取り入れ、重ねたレイアウトを作成する。そこでこの店は文芸書五千冊、ビジネス書三千冊、児童書は売れそうなので五千冊にしましょうと決まる。実質的にはトリプルウィンによる日販の遠隔操作によって開店に至る。

それで開店する。開店時のビジネス書は三千冊ですが、そこに新刊が入ってくる。それが五冊だったとしましょう。決められたビジネス書棚に余計な五冊が加わるわけですから、返品しないと入らない。そこで返品の五冊について、これとこれを返品しなさいという指示が出るようになっている。

――それが回転率の悪い本の返品につながっていく。

能勢　まさにそうです。ビジネス書三千冊の売れ行きのトップから三千番までのランクができているから、二九九六番から三千番までの本を返品することになる。そのくらい精度が高いというか、システム化されています。それに頼っていると、そのビジネス書担当者は本当の意味で本を覚えることはないですね。

それからさらに問題なのは担当者が売りたい本、愛着のある本、気に入った本があったとしても、そういう思いが書店の現場から消えてしまったとは考えられないのですが、そういった本も三千番まで入っていなかったなら、全部返品になってしまうことです。だから担当者は売りたい本も売れず、取次が遠隔操作していると変わらない売れ行き良好書だけを売るしかない。そういうＰＯＳシステム管理の店ばかりが増え続けているのが現在の状況に他なりませんね。

――しかしそれで出版業界の売上が増加したのであればともかく、書店の現場がそのようにシステム化をたどっていくのとパラレルに出版業界の売上高は落ち続け、この失われた十数年で三分の一近い八千億円も減少してしまった。

そんな時代になってしまった。それでもいいんだという人もいますけど、売りたい本を売ってはいけないという書店現場はそれぞれの担当者たちにも面白くないし、スペシャリストとしてのモラールもモチベーションも高められるはずもないでしょうね。

能勢　だから本当に嘆かわしいことですが、今泉さんや伊藤さんのような貴重な人材は今の書店現場で必要ではないということになってしまう。

――それはつまり多品種少量販売という出版物の本来の性格が現在の社会に見合っていないことを告げている。しかしそれで本当にいいのかが問われているはずですが。売れるものへの一極集中と多数のまったく売れないものとの分裂はそうした取次と書店の現状から生じ、それに合わせて出版社も連動して雑誌や書籍を制作していることにもつながっている。

能勢　私はそうした書店状況に対して、老舗書店が培ってきたものはメカだけじゃないよ、いわゆる人間力じゃないかと思いますね。それは有隣堂や平安堂にも感じたことですが。

32　売ることと買うことの喜び

——能勢さんの人間力という言葉を聞いて、あらためて売ることもそうですが、買うことの喜びというものを想起しました。

これは現在の一極集中の問題と絡んでいるのですが、私はユニクロに象徴されている気がする。ユニクロはそれこそ少品種大量販売の典型で、色やサイズは多く揃えられていても、少品種ゆえに選んで買いものをする喜びがまったくない。もちろん能勢さんがいわれるようにＰＯＳシステムと同様に、それでもいいんだという人の自由を否定するつもりはありませんが。

これは私たちの世代の多くの共通する体験だと思うんですが、制服ではなくて私服を着ることは一種の自由の表現にも似ていた。それまで制服に拘束されていたのが、自由におしゃれができる私服をまとうことは解放でもあったのではないか。それはものすごくいいことだし、戦後の豊かな消費社会を迎えて、初めて実現したものではないか。女性が初めてミニスカートをはいた時、自分が異なって見えることを発見し、輝く自分がそこにあったとの感想を聞いたことがあり、それもすばらしいことだと思いました。

でも現在のファッション市場を見ていると、制服的なものへと逆戻りしている感じがする。例えば就職シーズンになると、黒のリクルートスーツの女子学生たちが町にあふれ、どうしてここまで均一、画一的なファッションになってしまうのかわからないほどです。

だから見ていても楽しくないし、それはユニクロにいっても同じです。なぜかというと、一枚のシャツに対して多色が揃っているという売り方、つまり少品種大量販売で、選択が限られているからだ。ファッションが自由の表現であるとしたら、やはり多品種少量販売であるべきだという気がするからです。それは出版物も同様じゃないかと思えてならない。両者がともに自由の表現だと見なすのであればですが。

しかし出版物もファッションも少品種大量販売的なものが売れているということはみんながそう望んでいるのか、それともPOSシステムではありませんが、現在の様々な社会システムによって遠隔操作されているのかという問題にもつながってきます。

すいません、長々と自分の意見ばかり勝手に述べまして。話を中断させてしまって申し訳ありません。書店のDNAとしての人間力のことに話を戻して頂けませんか。

33　書店の人間力と教育意識

能勢　それに関連することですが、私が多田屋時代に店長教育や社員教育の場でいつもいっていたのは五意識のことですね。お客さんを大事にするという顧客意識、節約を基本とする原価意識、働くことのチームワークを重んずる集団意識、小売りは絶対に安全でなければならないという安全意識、工夫を絶えず念頭におく改善意識です。

それからこれに平安堂に移ってから、平野稔さんにいわれた美意識と教育意識が加わりました。平野さんは私の五意識論を知っていて、平安堂にはあとふたつあるといわれた。それは身だしなみを含んでいますが、店のクリーンネスを常に心がける美意識、店長は社長と部下のパイプ役であると同時に、部下と商品を育てなければならないという教育意識でした。

この平野さんの提言を得て以来、私はずっと五意識ではなくて、七意識といっています。七意識の中で何が一番大事かといえば、やはりそれは教育意識に尽きるのではないか、これは平安堂で学んだ最大の収穫でしたね。

―― 能勢さんの話をずっとうかがい、今の平安堂の教育意識のことを聞いて、日本の出版業界というものは出版社のみならず、書店が内包していた読者や地域に対する教育意識に大きく支えられていたとあらためて思います。言葉を換えていえば、教育意識というのは啓蒙思想ですから、それが本や雑誌を売る商売と表裏一体となって、明治以来の近代書店が営まれてきたことになるのでしょうね。

出版社、特に講談社の場合、少年雑誌やコミック誌の編集長は師範学校とか教育大の出身者が多いんですが、面白い読物やコミックを提供しようとしているだけでなく、常にためになる読物やコミックをと考えて、編集に携わっています。こちらも啓蒙主義の使命感に燃えていたわけで、それがマス雑誌に育ったことも書店の教育意識とリンクしていた証明になると思うし、とりわけ教育に熱心だといわれる長野県の平安堂などに顕著に表われている。

能勢 それは先ほどふれました有隣堂にも同じような書店DNAが流れています。七意識が感じられる書店現場は先代の松信社長の教育の賜物でしょうね。

―― そのように考えてみますと、かつての商店街に位置していた老舗書店の多田屋にしろ、平安堂にしろ、有隣堂にしろ、創業者や経営者に地元の教育機関として強い自覚があった。それこそ講談社もまた徳富蘇峰によって民間文部省と呼ばれていましたから。

能勢　戦後でいうと文化センターです。

――確かにそうですね。地方にテレビ局ができるのは六〇年代になってだから、文化センター的機能を果たしていたのは地方新聞社と書店、特に書店は教科書供給を通じて学校との関係が緊密だった。そして必然的に教育意識が使命感のように伴っていたと考えていいんでしょうか。

能勢　まさにその通りです。教育意識と使命感が地域密着型だったから、地方書店が支持された。それは基本的には変わっていないはずです。ただそこで留意すべきなのは、その書店は近代的教育機関的なものから、現代的なエンターテインメントへと移行していったことに対し、どうしても教育意識と使命感がベースになっているので、うまく対応できなかったという側面もかなりありますね。

34　地域密着型販売

――その地域密着型販売を能勢さんはずっと追求されてきたと思いますが、具体的にはどのような方法をとられたんですか。

能勢　まず当たり前のことですが、一カ月は三〇日か三一日しかない。それを三二日分の売上に持っていくのはどうすればいいのかと一生懸命に考え、それを実行しました。それは土日に売上を外でとってくることです。これは新風会で旭屋書店さんから教わったのですが、出張販売がその一例です。地元の情報に注意していると、商工会議所や学校などで様々な講演会が開かれることがわかります。講演する人は必ず本を書いていますし、それなりに知名度もありますから、かなり聴衆も集まる。そこで多少経費を払ってでも、その場で講演者の本を売らせてもらう。これは間違いなく売れます。多田屋は最も多い時には二三店ありましたが、優秀な店長はこの出張販売を常に実行し、実際に三二日分の売上を上げていました。

――　それはいいですね、地域密着、職域密着販売の典型と呼んでもいい。

能勢　そうです、地域、職域、読者にも喜ばれ、講演者も喜ぶ。場所を貸してくれたところにも少しであってもフィーが入る。だから多田屋に対する評価も高くなる。

――　講演と出張販売に関係する全員にメリットがあるというものですね。その他にはどのような手法がありましたか。

能勢　六〇年代の高度成長期は建築ブームの時代でしたから、それらに連係した販売も考えました。

ひとつは土建書フェアです。私は多田屋で最も元気だった頃、毎月フェアをやっていましたが、これが最も売れ、それをめぐる仕入れ対応の問題を今でも覚えています。土木建築書フェアは二十日から一カ月やると、必ず五百万円は売れました。ただ五百万円売ることを想定して仕入れをかけると、どうしても返品率が上がってしまい、日販から苦情をいわれた。そこでこれらの土建書の版元の管理を担当していた丸善に相談すると、丸善が直でそれらの商品を車で持ってきてくれた。それでフェアを開催し、返品もこちらの車で丸善の倉庫に直接戻したので、日販は何もやっていないにもかかわらず、高正味のままの請求書を送ってきた。私はすぐにかみついて、マージンを三％負けさせました。

ふたつ目は建築ブームで、至るところでビルが建ち始めていた頃のことです。私は商店街の会合に出るのが好きだった。すると飲食店の社長や店長から、我々の商売というのはビルが建つという看板が立った時から始まると聞かされた。彼らはすぐに営業にいき、テナント情報から竣工式の仕出しの注文まで聞き出してくるという話だった。

そこで私はビル工事関係者への通販営業を思いついたわけです。当時の千葉の建設現場は九州地方からきた人たちが多かった。大きなビル現場だと四、五十人いて、彼らは大半が家族がいるのに単身できている。その人たちに本や雑誌を故郷の家族に送ってあげたらどうでしょうかという提案営業をした。するとこのサービスはものすごく受けて、送る方受け取る方の両方からとても感謝された。

奥さんには婦人誌、子どもには学年誌から始まり、家族のそれぞれに本なども送り、家族ぐるみの通販になった。その頃は宅配便もなかったので、自分で送ったりするのは大変だった。だから送品手配はすべてこちらが引き受け代行した。もちろん送料も請求することになりましたが、取りはぐれることはまったくなかった。

―― なるほど、その時代によって商売というものは様々に町で見出されるものなのですね。

能勢　この通販にヒントを得て、海外留学生や家族に対する定期雑誌の前金制年間講読も始め、これもかなりの売上を示しました。例えば一家族の場合、夫と妻と子どもだけでも三誌になりますから、年間講読料一万円以上になる。それに海外生活者は日本語に飢えていましたので、必然的にヘビーリーダーということになり、有難い固定客でもありました。

それからヘビーリーダーということで思い出しましたが、当時の弁護士と医者はよく本や雑誌を買う固定客だった。今のようなネット時代ではないので、判例、病気の症例や治療などは雑誌から学んでいた。だから弁護士や医者はそれらを合本する必要があるんです。その際に付録部分、広告ページは削除し、三年分で一冊になる。それは日販を通じて中林製本に頼んでいましたが、とても利益率が高かった。もっとも製本代が六〇年代に一冊五千円はしましたから。それでも弁護士や医者にとっては高く感じられなかったと思いますよ。

――能勢さんは本当に書店商売の才人ですね。今泉、伊藤氏の才にも脱帽ですけど、能勢さんもまた彼らとは異なる才をお持ちだとよくわかります。

それと同時にそのような様々なスキルが発揮できたのも商店街という地域も含んだ共同体が確固としてあり、それぞれの商売のスタンスと知恵がこめられ、大小にかかわらず持ちつ持たれつの関係を形成していたと実感します。

能勢　いや、私などは小さな金額の出張販売や企画でしたが、都市型書店の一流ホテルでの社長セミナーなどの出張販売の場合、一日に五百万円の売上だと聞いたこともありますよ。

35　文化センターとしての多田屋の複合ビジネス

――それもまたすごい話ですが、やはり能勢さんの書店史をうかがっていると、最初にいわれた多田屋の出版物の他に楽器や玩具も手がけていた業態からの必然的な影響を感じるのですが、これはどうでしょうか。

能勢　それはご指摘のとおりで、他の部門、やはりヤマハの音楽教室のシステムから随分学びましたね。楽器販売の他に音楽教室も手がけていて、これは多くの地方老舗書店も同様でしたが、全盛期には多田屋だけでも二万人はいました。

――煥乎堂だと十万人いるという話も聞いたことがあります。

能勢　そうだと思います。書店も様々な複合ビジネスを経験していますし、その後もLL教室からレンタルまで手がけているわけですが、音楽が一番すごいと思った。それは書店の場合、まあ私の場合といってもいいんですが、直接、読者の創造はできない。私も多田屋に出版部の千秋社を設け、新書を始めとして、郷土出版物や自費出版を手がけ、粗利を稼ぐことはできましたが、読者創造にはとても及ばなかった。それはプロの作者や出版社の役割で、書店は本と読者をつなぐことだと考えるに至りました。

ところが音楽、つまりヤマハというのは出版業界の分業を一身に体現し、音楽家、ミュージシャン、愛好家、それらの膨大な予備軍を育ててしまうわけです。音楽を創造させるとでもいってもいいでしょうか。

例えば、ピアノ販売の例で説明したように音楽教室などのデータから、地域のマーケットリサーチが徹底してなされている。その地域のヤマハ音楽関連予備軍と見なされた家庭に赤ん坊が生まれると、セールスマンがすぐに訪ね、「おめでとうございます」と誕生を祝す。そして当時でいうところのヤマハ・ミュージック・プランを提案するわけです。これはまさに音楽創造のための積み立て契約で、五歳ぐらいになるとエレクトーンやピアノを買うことになるシステムなんです。それを買ってしまえば、必ず音楽教室の生徒になり、音楽業界に貢献するシステムへと自動的に組みこまれる。

――それこそ音楽による情操教育ということになり、出版業界とはまた異なる教育意識を感じますね。強く取りこんでいくという意志のようなものも含めて。

能勢　先ほど書店は文化センターといいましたが、楽器と音楽教室は文化産業ではないかと思いました。だからその後、低定価の本や雑誌を売る書店は文化センター的なものから脱皮できず、一方で高価格の楽器をメインとする音楽関連は文化産業となって、書店と分離していったことも必然的な流れでしたね。

――玩具のほうはどうだったんですか。

能勢　これは支払いが最も大変でした。年末が一番売れるのですが、その支払いは八月に決まっている。

――前払いということですね。

能勢　そう、前払いです。そうでないといい商品が入らない。それから原則買切で、五％だけ返品枠があることになっていた。ところがその五％枠は問屋の地域担当者が持っていて、特定の優良店に全部使ってしまう場合がよくあって、他の店はまったく返せないことが多々生じた。本当に業種によって色々あるなと思いましたね。

――きっとそれがゲーム機やゲームソフトの流通や販売にも引き継がれ、出版業界関連でもゲオが圧倒的に他社に差をつけているのはそのような仕入れに先行し、精通しているからなのかもしれませんね。

それからキディランドが急成長しながらも、会社更生法に至ったのはそのような玩具の決済や流通や独占形態に対して抵触することがあったからのように思えます。

能勢　今泉さんはキディランドにいらしたんですね。

――今泉氏ばかりでなく、現在のジュンク堂池袋店の田口さんもそうですし、他にもまだ何人もいるはずです。

能勢　キディランドの創業者の橋立孝一郎さんはすごい人でした。出版業界における早過ぎた流通革命論者で、十年先ではなく二十年先を見ていました。彼は東京外語を出ていたから、戦後早くからアメリカに視察にいき、渋谷を拠点にして、横浜、千葉、東京と次々にチェーン展開していった。それで今でも売っていますけど、千葉店が最も当たった。その時千葉の書店組合が反対運動を起こしたわけです。ところが二十年先を見すえた理論を正々堂々といわれたら、誰も口を出せなくなってしまった。そのこともあって、橋立さんのキディランドは六〇年代に全国チェーンとなり、書店の輝ける星だった。

――ポプラ社から私家版で出された彼の十七回忌追悼集『凧　橋立孝一郎の軌跡』を読むと、彼は織田信長的と見なされていたようですが、六〇年代で四七店舗に及ぶ全国チェーンを展開していたから、すごい存在で、能勢さんが感嘆の目で見ていたことがよくわかるような気がします。

キディランドのことはともかく、これまでずっと能勢さんの多田屋時代の話をうかがってきましたが、能勢さんはほぼ四半世紀在籍の後、平安堂に移られます。これはとても質問しづらいけれど、能勢さんなき後の多田屋のことも確認しておきたいのですが。

能勢　私が平安堂に移ったのは八四年です。多田屋の創業は一八〇四年ですので、私がいた時に一七五周年を祝いました。それまで二五年ごとに祝賀会をやっていまして、七九年の一七五周年は私が中心になって開催したといってもいいでしょう。色々と趣向をこらし、出版業界関係者三百人を招待し銚子の名旅館を貸し切り、宴会を持ちました。

それで失敗したことを思い出しますよ。その祝賀会のお土産が『広辞苑』だったんです。その選択理由も色々ありますが、省きます。その発注先が日教販だったので、当日旅館の玄関のところで日教販の担当者がそれを山ほど積んでいた。そこにメイン取次の日販の社長以下役員たちの乗ったバスが乗りつけてきて、日教販から仕入れたとわかる『広辞苑』の山とぶつかってしまった。これは我ながら気が利かなかったと思い、顔が赤くなってしまいました。

でもそれも今となっては懐しい思い出で、次の祝賀会、つまり二百周年はできなかったのです。なぜならば、その二百年目に多田屋自体がつぶれてしまったからです。この事情については私がすでに離れていたこともありますが、能勢一族のことにもかかわりますので、ここまでしか現在のところお話しできない。他の書店のことは言及しているのに、本当に恐縮なんですが。

第Ⅲ部

36　平安堂へ移る

――いえいえ、様々なこみ入った事情が絡んでいることは承知の上ですので、そこまでお聞きすれば十分です。

ところで話は変わりまして、能勢さんは平安堂に移るわけですが、それはどういう経緯だったんでしょうか。

能勢　当時の平安堂社長は平野稔さんでした。書店新風会という団体があり、平安堂も多田屋もそのメンバーだった。その時平野さんが全体の研修部長で、会の若手の書店人の集まりである新々会が月に一度開かれていたこともあって、私に講師をするようにと頼んできた。

それは永田町の砂防会館で昼の一二時に集まり、一晩徹夜して勉強し、翌日解散となる会だった。そのような関係もあって、平野さんもよく知っていたので、スカウトされたということになりますか。移ってわかりましたが、平野さんはすぐ使える人をスカウトするのが好きなんです。

――おそらく今泉氏もそうやってスカウトされたんでしょうね。彼とはダブっていませんか。

能勢　ダブっていない。今泉さんは一度煥乎堂にいって、それから平安堂にこられていますから、すれちがいですね。私は平安堂に五年いましたが、その後になるでしょう。

――多田屋から平安堂に移っての第一印象はどうでしたか。

能勢　これはやっぱりさっきも意識の話に出ましたように、教育意識、及びフランチャイズ展開をしていたことに起因する整理・整頓・分類といったクリーンネス、つまり美意識の高さでした。

それから女性をうまく使っているなと思いました。今でも覚えていますが、白鳥さんという女性店長がいまして、「能勢さん、少し業界で顔が売れているかもしれないけれど、平安堂にきたのだから、平安堂の人になって下さい」といわれた。

それで朝一〇時にこいと告げられたので、九時五〇分にいって、午前中ずっと平安堂教育を受けました。それを受けてよかったと思います。ショック療法みたいなもので、多田屋とは異なる平安堂の社風がよくわかったからです。

――それはどういう教育なんですか。

能勢　お辞儀の仕方から発声の仕方まであり、「声が小さい」なんてこともいわれました。それから店頭に出た際の心得、カバーのつけ方や包装、ポスターの貼り方まで指導された。当初私が平安堂にスカウトされたのは社員と商品に対する即戦力的教育ができるからだと思っていた。

ところがそれは逆で、私が平安堂教育を受けることになり、持論の五意識に加えて、教育意識と美意識を教わることになった。確かにそのプロセスを経たことで、多田屋を辞め、平安堂人になったなという気がしましたね。

――評価が高いといわれる平安堂の計数管理についてはどうだったんでしょうか。

能勢　これは多田屋なんかよりもずっと先をいってましたね。コストもかけて、アメリカの書店チェーンのやり方を導入していましたし、ＰＯＳレジを入れたのも先駆けていたと思います。

――それらはともかく、実際に能勢さんは長野へ移り住んだわけではないですよね。

能勢　自分の事務所は東京に置きまして、いつも朝の七時前の上野発白山でいくわけです。まだ長野新幹線はありませんから。それで一〇時からの平安堂の会議に出ていた。本部は長野ということになっていましたが、実際の本部は飯田で、東京と長野と飯田を三角形にすると、三角形の真ん中が諏訪となるので、諏訪で会議を持ちました。諏訪ですと、新宿から一時間半ぐらいで、会議に出る皆さんも大体同じ時間をかけてくる。
これには少し説明が必要ですね。実は私が平安堂にスカウトされたのはフランチャイズビジネスのためだったんです。

37 平安堂のフランチャイズビジネス

―― 念のために『平安堂八十年の歩み』と所収の「年表」を確認してきました。すると八三年に会計事務のコンピュータ化、POSレジ導入、フランチャイズ展開のためのBOOK BOX一号店開店、八四年に郊外型複合書店開店、八五年にフランチャイズ運営会社ジャパンブックボックス設立となっていますので、能勢さんが平安堂のフランチャイズビジネスに代表される新たなる展開にあたって、スカウトされたことがよくわかります。

能勢 そういうことです。これは私にとって新しい勉強の場になりました。
まず多田屋時代には全部直営だったので、フランチャイズの経験がまったくなかった。このフランチャイズの仕事についてから、直営店とフランチャイズ店にはまったくちがう点があることに気づきました。それは直営店の場合、出店が失敗で赤字が続いた時には撤退すればいいんですが、フランチャイズの場合、「店を閉めましょう」とは口が割けてもいえない。フランチャイズオーナーがお金を出していますから、その利益を確保し、保証しなければ、平安堂のフランチャイズ本部の役割を果たせないことになる。だから必死になり、直営とはまた異なる真剣勝負でもありました。

――能勢さんの今いわれたフランチャイズについて、私は郊外論を専門としていますので、少し説明補足しておきます。これは八〇年代郊外消費社会を成立させたキーワードでもあるからです。誤解を招かないように、私が以前に『ブックオフと出版業界』(論創社)で示した正式な定義を引きます。

商品の流通やサービスなどでフランチャイズ(特権)を持つフランチャイザー(親企業)が、チェーンに参加するフランチャイジー(独立店)を組織して形成されたもので、親企業は各独立店に商品及びサービスの一定地域内での独占販売権を与える代わりに、独立店側は親企業に対して、ロイヤリティ(特約料)を支払うという契約によって成立する。典型的なのはコンビニエンスストアである。つまり強力な中央本部の下に各独立店が資本人材等を自分で揃え、両者のメリットを追求するというシステムである。

このフランチャイズシステムは戦後のアメリカで、チェーンストアから発生し、日本では八〇年代の郊外消費社会とロードサイドビジネスの成長に伴い、増加したものです。それは書店も例外ではなく、平安堂や先にふれたブックオフの他に、TSUTAYA、宮脇書店、戸田書店などもフランチャイズによる全国展開となっています。

能勢さん、こんな説明でいいでしょうか。

能勢 ええ、それで十分です。

私のほうからも少し補足しますと、最初に驚いたのはフランチャイズの店長教育に際して、平野さんから「能勢さん、考えない店長を養成してくれ」といわれたんです。普通でしたら考える店長というところですが、それが逆だった。でもそれは最も金言かもしれないと思うようになりました。それらの店長は平安堂のフランチャイズのシステムに従って動いてもらうのがベストであり、考えなくてもいい。ただ売れた分を自動発注する、それ以外にはクリーンネスと接客に力を入れればいい。これが考えない店長でかまわない理由です。だから本部とシステムがしっかりしなければならない。

38　直営店とフランチャイズ店の落差

――とすると本当に能勢さんにとってはパラダイムチェンジというか、コペルニクス的転回を否応なく迫られたことになりますね。だって多田屋時代には三二日目の売上を外でどうやって稼いでくるかを絶えず考えていることが優秀な店長の資格であったわけですから。

能勢　確かに直営店とフランチャイズのシステムの目もくらむような落差を体験しましたね。はっきりいってしまいますと、昨日までバスの運転手や肉卸店をやっていた人がいきなり書店の店長になるわけですから。そういう人にとっては考えなくてもいい平安堂のシステムに従わなければ、どうやって仕事をしていいのかわからない。

――でもあらためて能勢さんの口からそれが語られると、書店のみならず、八〇年代の日本社会で何か起きていたのかが浮かび上がってくる。この「出版人に聞く」シリーズ4で、元リブロ／ジュンク堂の中村文孝氏が語っていたことですが、七〇年代における書店の変化、もしくはパラダイムチェンジは本を買うほうが売る側に回ったことだといっていました。それを聞いて、この先駆的な書店人は能勢さんじゃないかと思ったりしました。ところが八〇年代になると、本にまったく関係がなく、買ったこともないほうが売る側に回ったということになりますか。

能勢　それは言い得て妙で、まさにそのとおりだと思います。

しかし後でこれが問題だったと実感するわけですが、それでも売れてしまったことですね。平安堂は直営で百億円に対して、フランチャイズで百億円の規模に至りましたから、フランチャイズ部門の成長はすごいものがありました。

またそれは本と雑誌とレンタルの複合店、つまり販売とレンタルの粗利をミックスしたかたちで進んでいきましたので、フランチャイズのオーナー店長も含めた会議が必要となり、さっきいいましたように諏訪でやるようになった。

――結局のところ、いうなれば能勢さんはスーパーバイザーの立場で、ずっとフランチャイズの店を見ることになるわけですね。

それぞれ書店によってフランチャイズのシステムはロイヤリティ料、スーパーバイザー方式などを含めて様々だと思いますが、平安堂はどうだったんでしょうか。

39　フランチャイズ店の開店と商品不足

能勢　これは平野さんのフランチャイズ理論でもありましたけど、開店にあたってプロペラスタートは絶対にさせなかった。いきなりジェットスタートです。開店時に初年度の利益分全部をつぎこむ。それを開店三日間の宣伝広告費にあてる。その意味では一番派手に宣伝広告費を使うのはおそらく平安堂のフランチャイズだと思います。

確かに新しい書店が開店するのをかなり見ていますが、長い時間をかけての宣伝は愚の骨頂ですね。とにかく開店を地域社会に早く知らしめること、それが肝心なのです。それは平安堂の開店時のお客さんの数と行列は他のフランチャイズの店と比べて、その量と長さが圧倒的です。

それからポスティングといって、開店一週間前は周辺四千メートル圏の地域社会のすべての家に投げこみをやり、そこで人に会えば、開店の宣伝をする。そうすると売上と客の動員が目に見えてちがう。その最も成功例が東北のフランチャイズの場合で、開店日の売上が何と五百万円だった。わずか一日ですよ。

――それはすごいですね。

能勢 そうです、ものすごい売上で、その数字を見た時、目を疑ったほどでした。続く二日間も同様で、猛烈に売れた。

これは数字だけでもすごい売上ですが、ひとつのセオリーとして、開店三日間の数字を三で割り、それからもう一度三で割る、それが平日の売上になる。ですからこの開店は上々の成功ということになる。もっと簡単にいえば、家賃分を一日で売れば、成功と見なせます。

――それは書店だけでなく、どんな小売り、物販にも当てはまりますよね。

能勢 もちろんそうですが、郊外がこれから開発され、人口がまだ増えていく七〇年代であればともかく、八〇年代後半から九〇年代になってしまいますと、開店売上の数字でその店の先行が大体予測できるので、それが駄目だった時には悲劇ですね。

――それはつきもので、八〇年代後半からすべての業種が過剰出店、つまりオーバーフロアになってしまったために、同じ商圏内にかならず競合店ができてしまう。しかも後出しのほうが店舗も駐車場も広いということになっている。

この話はまた後でお聞きすることになると思いますので、開店事情はわかりましたが、フランチャイズに対する売れ筋商品の供給はどうだったんですか。これは開店後にすぐに問題になることだと考えられますが。

能勢　私が一番苦労したのはその問題です。

出版社は直営店には商品を限りなく入れてくれる。ところがフランチャイズには入れてくれない。実はそのフランチャイズのほうが店の数が多いわけです。だから本当に頭の痛い問題でした。もっともこの問題はフランチャイズシステムを導入しているどの書店も同様だったと思いますが。

――その理由というか原因はどこにあるんでしょうか。単に商品が足りないということも作用しているのでしょうか。

能勢　商品不足というのはもちろんあるにしても、基本的には出版社から素人が店長であるフランチャイズは信用できないと見なされていたからですね。やはりそうではない直営店のほうが安心だし、売れることはわかっていますから。

そうすると、それがフランチャイズの不満の種になってしまう。「うちは客注が二冊あるのに一冊しかこない、足りない」という現場の苦情から始まって、オーナーまでいくと、「ロイヤリティをすぐには払わないぞ」といわれることになる。

――本店や直営店から回すわけにはいかなかったんですか。

能勢　これはちょっと難しいわけです。本店の場合は厚く持っていたとしても、売れ線のものであれば、担当者は一冊だってよそに流したくない。自分のところで売りたいのが当たり前の心情ですから、緊急の時はともかく、いつでもフランチャイズに回すわけにはいかない。仮りに本店の担当者とフランチャイズの担当者の仲がよければ、そのような融通も成立したかもしれませんが、現実的にはほとんどそれはありえない。

ですから直営店の支店間の商品移動はどこでもやっていても、フランチャイズまでシステム的に日常化するには人手もコストもかかり、人間関係も難しいので、仲々解決には至りませんでした。

40　フランチャイズ開発事情

――フランチャイズ店の店長の話は先ほど出ましたが、どのようなオーナーや法人が加盟してフランチャイズチェーンが展開されていったわけですか。それと切り離せない店舗開発と土地の問題を含めてですが。

能勢　平安堂のフランチャイズの開発部門は子会社のブックボックスが担当していて、オーナーや法人が大体土地を所有していることが加盟条件でした。

――なるほど、それは賢明なやり方ですね。フランチャイズ店の場合、最初から土地も建物も長期レンタルで出店するというのはきわめてリスキーですから。

能勢　それからもうひとつのパターンはダブルビジネスとしての加盟です。他の商売をやっている方々もいます。例を挙げますと、材木店、肉卸店、コンビニなどをやっていて、そちらも儲かっているけど、その他にもうひとつ商売をしたい。それには本屋がいいんじゃないか、娘が嫁にいく時に本屋というのは聞こえがいいからという理由だったりして、フランチャイズに加盟するわけです。

――私の知っている人で、パチンコ屋をやっていて、やはり適齢期の娘さんがいるので、書店を始めたと聞いています。

能勢　やはり現実にいくつも例があるわけですね。ダブルビジネスで世間的体裁の均衡を保つということが。

――それはまだ書店幻想がそれなりに機能していたからでしょうね。他の商売に比べて、書店の場合は自分のステータスが上がるという幻想がまだあった。そこにフランチャイズシステムがうまくはまったといえる。もっともそれは前世紀までの幻想で、粉々に砕けてしまったと思われますけど。

能勢　そういえば、フランチャイズ加盟者で、書店を始めたら教科書をやりたい。それはステータスになるので、ぜひ教科書の権利を得たいという人がいました。それは最初から望むことが不可能で、今や逆に東京都下などは教科書の権利を返しているくらい儲からない仕事になっていると説明したのですが、どこまでわかってくれたのか、疑問でしたね。

――そこら辺の話になると、開発部門と能勢さんのようなスーパーバイザーが協力してあたることになりますよね。

能勢　それはいつもでした。開発部が契約を交わし、私にそれをいってくる。それで開発の仕事というか、手伝いをすることになる。具体的には市場調査ですね。

事前に競合店の調査をするわけですが、その取次が日販だった場合、トーハンにいって調べ、逆にトーハンだった場合、日販にいって調べる。そのほうが下駄を履かせない客観的な数字が上がってくる。それで競合店から一キロのところに新しい店を出せば、商圏のふくらみ具合と相乗効果、駐車台数の比較などから、その店の六〇%の売上は確保できるといったシミュレーションをする。

そのベースにはこの地域における一人当たりの年間出版物購入金額データがある。それに対して、この町全体の人口を掛け合わせれば、いわゆるマーケットサイズが出る。そのマーケットサイズに対して、町の書店の数を上げ、その町の書店全体の売上を出す。それでオーバーフロアであれば、余剰購買力を期待できないので出せない。ぎりぎりであれば、旧来の書店の売上をはがすことによって大丈夫だということになる。

それからさらに詳細に競合店を調べるのですが、私が参加して面白かったのは開発部門のその方法で、競合店の前に早朝から待っているわけです。そうすると店の人はまだ早いから出てきていない。だから運送会社が店の前に荷物を降ろしていく。それを全部調べる。雑誌が五〇個、新刊書籍が一〇箱、補充書籍が五箱、常備が三箱というふうに数え上げる。その荷物の入荷パターンを平安堂の直営店に当てはめてみると、ぴったり同じ店がある。だから競合店と直営店の売上が大体同じだと推測できる。後で確認したことがありますが、その誤差は五%もなかった。

——競合店にしてみれば、そんな調査までされて、出店してくるとは思ってもいないわけで、脅威きわまりない。

能勢 それは確かに大変でしたね。その調査は一日で終わらず、平日、土曜日、月末と三日はやりましたから。

――でも競合店が知ったら驚いてしまうだろうけど、フランチャイズ加盟側にとって、本部責任の果たし方は称讃に値すると思います。

能勢　やはりマーケットリサーチは大事ですし、それが間違っていれば、後でどんな売れ筋の本を確保して入れたって売れない。怒られてしまいますからね。

これはあなたの『出版社と書店はいかにして消えていくか』に詳細に書かれているので、あらためて説明するまでもないですが、フランチャイズのオーナーが開店口座の支払いをしてくれない場合が生じるからです。

一年目は請求が立ちませんので、それを誤解し、書店は儲かると感違いし、車を買ったり、家を建てたりした人もいました。それで二年目に支払いが始まり、困ってしまい、話がちがうじゃないかといってきたりする。だから契約書を見せて、こうなっていると説明しなければならない。

――他業種から加盟してきた人にとって、書店の支払いの仕組み、マージンが少なくて儲からない事情というのはまったくわかりませんからね。

能勢　それにフランチャイズの場合、はっきりいってわがままなオーナーが多いんですよ。ある地方のチェーンのオーナーは自分が全部出資しているし、他の収入もあったりするのでまったく食うに困っていない。それで店長が止むを得ない事情で休む日があったりすると、スーパーバイザーを出せ、店をやってくれなどといわれたりもしました。その手の話はまだ他にもいくらでもありますけどね。

41 フランチャイズとダブルビジネス

――フランチャイズのスーパーバイザーの話というのは能勢さん以外にはこれからも聞けないと思いますので、差し障りのない範囲でもう少し聞かせて下さい。ダブルビジネスのフランチャイズの話が出ましたが、そちらのほうのエピソードはどうですか。

能勢　ある県で家具店がフランチャイズ加盟し、チェーン展開して全部で一六店になったことがあります。そうしたらある取次がちょっかいを出してきて、平安堂のフランチャイズだとロイヤリティをとられるが、こちらと取引してくれれば、最恵国待遇で、そんなものはいらないとのセールストークで、その取次にチェーンごと持っていかれてしまった。

その取次は力を入れ、人も派遣し、ベストセラーも大量に送り、かなり面倒も見たけど、最後には倒産してしまった。平安堂はスーパーバイザーを月に一、二回は送り、きちんと店を見ていたけれど、取次にはそれができなかった。取次が書店のスーパーバイザーを兼ねることは無理なんです。結局は売れなくなってしまった。

――そのチェーンの倒産は派手なチェーン展開をしていただけに、かなり話題になりましたね。

能勢　後で色々と本を読んでわかったんですが、いわゆるフランチャイズチェーンの中にチェーンがあったわけです。チェーン内チェーンというのは最もやってはいけないもので、そのような無理なチェーン展開が倒産に至ったということになります。

――能勢さんがスーパーバイザー現役中にまずくなったフランチャイズはあったんですか。

能勢　それは幸いなことに一件だけでしたね。でもこれもダブルビジネスでした。これは船会社でしたが、ある時に入金状況がすごく悪くなった。おかしいなと思って調べたら、書店の売上を全部そちらに注ぎこんでいた。それでこれは大変だということで、弁護士に一筆書いてもらい、その店が十時に閉店した後、トラック何台かを回し、一晩のうちに全商品と什器を回収し、事なきを得たことがあります。でもそれだけですね。
それだけ平安堂のフランチャイズシステムが優れていたことだと思います。これもお話ししましたように開店時のジェットスタートもそうですが、スーパーバイザーによるきめ細いアフターケアも他のフランチャイズチェーンと比べ、群を抜いていました。ある島にもフランチャイズ店ができましたが、私はその島にもかならず月一度はいって、色々な相談や手配を怠ることはありませんでした。

42　時代と書店の変化

——能勢さんの女子高の教師、多田屋の直営店の総括指導者、平安堂のフランチャイズ店のスーパーバイザーの姿が一貫し、重なって見えてきますが、直営店とフランチャイズ店の相違は前提としてあり、さらに時代や社会の変化を明らかに投影していたと考えられます。そこら辺はどうなんでしょうか。

能勢　これは七〇年代までの書店を経験していれば、誰もわかっていることですが、書店と学参期は切り離せないものでした。そのくらい三月、四月は売れましたし、学参と辞書で店頭光景が変わるほどで、書店の季節の風物詩みたいなところがあった。

しかし八〇年代後半になると、それも変わってきましたね。平安堂の店長に一年で一番売れる日はいつかと聞きますと、地域によって異なりますが、お盆の八月一五日、年末の一二月三〇日とかで、帰省中の人が増えた時期なんです。

多田屋の場合ですと、たちどころに四月の第二、第三日曜と答えるのですが、そういう時代が過ぎ去ってしまったとわかる。

かつて学参が売れた時は出版社が二〇社も三〇社も応援にきました。旺文社が全盛の時には一日で単品が百冊以上売れていましたからね。お客さんが山のように抱えて列をなし、それを書店と出版社の応援の人たちが総出で対応し、レジはそれこそ打ちっ放しです。あの頃は本当にレジから煙が出るほどでした。あの人混み、人の多さときたら、本当に夢のような話。


―― まさに町の書店が教育装置であった時代を象徴している話ですね。だから必然的に直営店のみならず、フランチャイズ店も売上内容が変わらざるをえない。

能勢 かつての大型店の場合、専門書も含めて書籍を広く揃え、単価を上げ、いわゆる書店らしい書店をというコンセプトでしたが、それはまったく通用しない。

大体雑誌、コミック、文庫で半分前後の売上を占め、それにレンタルが加わる複合店になったことで、書店の内実は激変したといえますね。店によってはレンタルが主で、本と雑誌は従になってしまったところもある。このレンタルを導入した複合店が九〇年代になって書店の主流になったかといえば、集客率が週刊誌以上に優れているからです。

例えば、『週刊少年ジャンプ』が最も売れていた時でも、その読者は週に一回しか買いにきません。ところがレンタルの場合、借りると返却しなければならないので、週二回はかならず来店することになる。それはそれで雑誌などの購入に結びつく。だからレンタルはそれまでの書店とまったく異なるファクターをもたらしたと思います。

―― 書店における教育としての学参からエンターテインメントとしてのビデオレンタルへというメイン商品の推移もやはり社会と時代の投影に他なりませんね。

能勢 ただレンタルは粗利益率が本や雑誌の倍ありましたから、フランチャイズ店にとっては本と雑誌とレンタルの粗利ミックスを導入したことで、赤字を回避できるようになった。これはメリットだったし、スーパーバイザーにとってもこれは一時的には楽でした。

―― しかしこの粗利ミックスもオーバーフロアと競合状態が厳しくなれば、たちまち苦しくなるし、そうなるといくら優秀なスーパーバイザーでも大変だったんじゃないでしょうか。

能勢　その問題と絡んで、一人のスーパーバイザーが見れるのは七店ぐらいまでで、一〇店は無理ですね。ですからフランチャイズ店が百店あれば、スーパーバイザーは一〇人以上必要になる。その人件費も大変だし、一朝一夕にスーパーバイザーが養成できるわけではありませんので、どうしても本部とフランチャイズ店の齟齬が生じてしまう。

そうすると、スーパーバイザーも行きやすい店と行きづらい店が出てきて、それが売上にはっきり表われる。

そのうちにオーナーから私に電話が入り、開発が三年後にはこれだけ売上が上がるといったのにそうなっていないし、スーパーバイザーも先日こなかったし、ロイヤリティを払わないぞと苦情ばかりがもたらされることになる。否応なく売上不良店が発生してしまいます。だからフランチャイズチェーンも成長しているうちはよいのですが、ピークを越えてしまうと、様々な問題がどっと押し寄せてくる。

43　アスキー時代とコンピュータ書の始まり

――なるほど、それらの事情について、これ以上立ち入った質問はできませんが、レンタルとフランチャイズ問題は現在のＴＳＵＴＡＹＡに象徴されているように思われます。その行方はこれから見守ることにして、残り時間も少なくなってきましたので、今度は能勢さんの出版社、アスキー時代に移らせて下さい。

こちらもスカウトされてでしたね。

能勢　そうです、やっぱり引っ張られたんです。実は自分の年令からいって、五〇歳を過ぎたあたりから猛烈に忙しくなってきた。それがアスキーに移ったことが拍車がかかりました。ただそれに見合って年収も格段に上がりました。

私はそれまで無頓着というか、別に年収については自分から言い出したことはないんですが、平安堂にいった時、今までいくらもらっていたか聞かれ、それに上乗せしてくれた。ところがアスキーにいったら、紹介者のこともあるのかな、べらぼうな年収を提示され、本当に驚いてしまいました。出版社というよりも、今をときめくコンピュータ業界というのはこんなものなのかと思うばかりでした。

——紹介者というのは誰だったんですか。

能勢　これはちょっとアスキーという会社の事情を説明しないといけませんね。というのはアスキーは七七年に社長の西和彦、出版担当の塚本、郡司の三氏が設立したものです。まあ、事情は色々あると思うんですけど、西さんはコンピュータの天才と呼ばれていた反面、ボンボンでわがままそのものだった。それで三人の創業者がうまくいかなくなり、塚本さんと郡司さんはアスキーを飛び出して、インプレスという新しい会社をつくった。

——アスキーとインプレスの関係はそういうことだったんですか。初めて知りました。

能勢　それでアスキーとすれば、それまでの塚本さんと郡司さんが担っていた会社の面というのか、出版部門における取次や書店などへの対外的な顔がなくなってしまった。その時に私はまだ西さんを直接知らなかったのですけど、専務の藤井章生さんはよく知っていた。その時藤井さんからの誘いで、アスキーにいくことになったわけです。

後で聞きますと、アスキーも創業時は取次に相手にされず、創業者の西さんたち三人が秋葉原の電器店に風呂敷で包んで持っていき、まず二人が「こういう雑誌を作ったので置いてくれないか」といって店先に積み上げる。そして二人でトイレを借りる。その間に一人が客のふりをして、「この雑誌は面白い」といって買うわけです。そして二人が帰ってくると、すぐに一冊が売れたことになりますから、置いてやろうということになったそうです。

それは大手書店も同様で、最初は直販から始め、実績を上げてから、ようやく東・日販の口座が開かれるに至った。しかし口座は開いたけれど、書籍は注文口座だけで、原則的に買切になってしまった。だから新規出版社なのに買切とはどういうことだと書店の評判は悪かったようですが、それが結果的には非常に幸いだったと思いました。

―― 確かにそうですね。素人が出版社を始めた場合、委託で注文通り出していたら、後でどれだけ返品が出るかわからないし、そのことだけでも何度となく創業の危機を迎える原因になったでしょう。

そうした事情から考えると、能勢さんはアスキーに移った途端、取次回りということになりますよね。

能勢 すぐに東・日販に挨拶回りにいきました。そうしたら東販からまずいわれたのは「返品不能品が三千万円ある、何とかならないか」でした。つまり買切扱いの書籍のことで、これは取次が注文口座しか開かせなかったために生じたもので、身勝手な話だと思いました。委託口座を開いていれば、取次にそんな不良債権もどきがたまるはずもなかったからです。

――それはおそらく大手書店の返品を力関係で入帳したというよりも、八〇年代後半から書店の閉店、廃業が頻発するようになったことを示しているような気がする。

能勢 きっとそうでしょうね。アスキーも創業以来、十年以上経っていましたから、買切だとしても、それなりのコンピュータの必需本でしたから、書店在庫もかなり積み上がっていたはずですから。それはそれとして、私はアスキーの正味が低いので、取引金額からいっても納得できないと交渉した。向こうは「能勢さんみたいな人が出版社にいると困るんだな」という返事だけで、交渉はまったく進まないままだった。東販から嫌われているとわかりましたし、これが東販の体質だとわかった。

――日販のほうはどうだったんですか。

能勢 当時の日販の仕入部長は話がわかる人で、「これはできるが、こちらはできない」とすぐに返事をくれた。

返事をくれない東販と返事をくれる日販、これが両社の体質のちがいだと実感した。だから結局のところ、返事が戻らない東販とは意思の疎通ができないわけです。平安堂や山形の八文字屋が東販から日販へ帳合変更しますが、その事情は条件交渉でよくわかりましたね。

ただ東販の場合、事前の大きな支払いを一度だけ呑んでもらったことはありますが、それはあくまで例外的なものでしかなかったと思っています。

44　取締役・出版営業統括部長の立場

――　取次担当のことはわかりましたが、アスキーにおける能勢さんの立場はどうだったんですか。

能勢　入社したのが確か八九年で、まだバブルははじけていませんし、コンピュータ時代というかＩＴ時代の初期でしたから、会社自体はものすごく勢いがありました。

私は出版と広告営業の責任者で、取締役・出版営業統括部長という役職でした。それをお話しする前に、まず私の遅ればせのパソコン入門を述べておくべきでしょう。実は多田屋でもそうでしたが、平安堂でも自分でパソコンをやらず、誰かに入力してもらっていました。さすがにアスキーにきて、今度はやらないわけにはいかないので、土日にNECのパソコン学校に通うことにしました。

とにかくアスキーに移った最初の頃は外国にいったみたいで、飛び交う言葉が専門用語、コンピュータ言語ばかりでした。そこでしょうがないから、日経文庫のコンピュータ入門書やパソコン用語辞典を買い、いちいち引いてわかった気になっていた。それで秋葉原でパソコンと周辺機器を買い、それが六〇万ぐらいしたことを覚えています。

――じゃあ、まったく異なる世界に降り立った能勢さんという感じだったんですね。

能勢　まさにそうですよ。後に上場し、資本金二二〇億円、社員七百人ほどになる前でしたが、出版社としてはすごく大きかった。

それで社員の平均年齢が二六歳ぐらいだったりする。それに加えて私にいわせると、コンピュータ書を作っている人は普通ではなくて、いわゆるオタクですから。まずアスキーで驚いたのは出版社なのに新聞や雑誌が散らかっていないし、文庫や単行本もコンピュータ関係以外にはない。総理大臣の名前も大半が知らないし、世の中とはまったく無縁に生きている。独身者が多いので、日曜日はどうしているのか聞くと、一日中秋葉原にいっているという。

――絵に描いたようなコンピュータオタクの集団なわけですね。

能勢　それこそコンピュータ新人類とでも呼ぶべきだと思いました。あの当時ですら、彼らはコンピュータを五、六台持っていて、古いコンピュータもそのまま自宅やアパートに置いていたようです。

要するに彼らはパソコンをやっていれば楽しいという人たちで、私はそれまで多くの色んな出版社とつき合ってきたけれど、コンピュータ書出版社というのはまったく別だと痛感した。新聞も本も読まない、それでは苦痛じゃないかと思ったりもしましたけど、パソコンという箱の中には楽しいゲームもあったり、電話もかけないのでどうなっているのかと思ったら、恋人とメールを交わしたりもしている。それは後からわかったことですが、とにかく会社が静かなんですね。またそういう世界が彼らにしてみれば普通なんだと。

そんな若い人たちの中で、パソコンをやり始めたこともあって、マニュアルを見てやればよかったのに、動かなくなるとすぐに聞いてしまったわけですよ。それで今でもパソコンが動かなくなると、夜中でも息子に電話して聞いてしまう。これはアスキー後遺症です。

その他にも社員が若いし、人使いも荒いので、夜九時になってから、「部長、これから会議をやりましょう」というんです。夜になっても仕事熱心なことなので、それは結構なんですが、私が家に帰れる終電は一一時四〇分だから、一一時半まで会議につき合っていた。そんなこともあって、私が家に帰るのは早くて一一時でした。会社は表参道にあった。朝家を出るのが六時二〇分でしたから、水曜日あたりになると、年令のこともあってへばってしまう。

これでは東京に一部屋借りないと、とてもじゃないけど身体がもたないと思って探したのが、現在の事務所です。

しかし平安堂でも色々学びましたが、アスキーでもそれは同様でしたね。

45 新しい出版社の書籍と雑誌

――その夜の会議も含めてということですか。

能勢 そうです。これはどの出版社も似たりよったりでしょうが、アスキーの場合は特に営業と編集が仲が悪く、それが一向によくならない状況を毎日目にしていました。そこで私は両者の行司役のような立場で、必ず出席した。営業会議、編集会議、両者合同の営業連絡会議が週に一、二回は開かれ、営業連絡は私が司会進行を務めました。

私がそうした会議で体得したことはアスキーのような新しい出版社であっても、編集は読者がわかり、営業はマーケットをわかっているという出版社の成長にとって欠かすことのできないファクターでした。色々と問題はあっても、この両輪が健全であれば、まだアスキーは伸びるだろうと確信し、常にこのことを念頭において、各種会議に臨みました。

――いや、これはお世辞をいうわけではありませんが、本当に能勢さんというのは誠実この上ない人なんですね。いつも与えられたというか、選択したポジションをきっちりこなすことで進んできた。

能勢　それは私に全部理解できないにしても、やはり編集者は自分の作っている本の読者を想定し、懸命に本作りをしている。営業のほうもマーケットの支持を熱く感じていたからです。

秋葉原ではアスキーの本がものすごく売れていた。特にラオックスは突出していた。ところがそれがスリップデータではつかめないんです。それである時にラオックスにコンピュータ書の売上を聞いたことがあった。そうしたら五百万だといわれたので、月商だと最初は思いました。ところがそれは日曜日の日商なんですね。これには本当に驚きました。

――いわば新しい学参の時代がやってきていた。

能勢　そんな感じです。色々と聞いてみると、それだけ売れると、忙しくてスリップなんか抜いてられないということだった。それだけでなく、ラオックスでハードやその周辺機器を買う客は五十万円から百万円を持ってくる。だから私たち出版業界の人間から見ると、一万円の本は高いけど、彼らにしてみれば、コンピュータ書の三千円、五千円は何でもない。だから単価の高い本が飛ぶように売れていく。それで日商五百万円も可能だとわかるわけです。

――　それは本当にすごいですね。平安堂のフランチャイズ店の初日売上が五百万円で、大成功という話が出ましたが、それは週刊誌やコミックから専門書に至るまで万遍なく売り、またそこまで売れると棚が傾くほどの光景になる。しかもそのような大成功の開店光景はめったに見られるものではない。それなのに秋葉原ではそれが毎週のように起きていたことになりますから。

でも一方ではこのような単行本の出版に加えて、雑誌も多く刊行していたわけだから、戦場のような状態になることもあったと思いますが。

能勢　私のいた頃、アスキーは一八誌を発行していまして、ほとんどが競合誌のトップにいました。コンピュータ雑誌だけでなく、『週刊アスキー』や『ファミコン通信』も出していましたから、私は直接絡んでいませんでしたが、雑誌編集部は大変だと思いましたね。

ただ編集と広告営業の関係はとてもよく、それは雑誌が好調だったからで、クライアントは絶えず、広告はさほどの苦労もなく入り、編集部がきらうタイアップ広告を無理して掲載することもほとんどなかった。一八誌を束ねる広告部長も兼ねていたこともあって、雑誌は広告だということも骨身にしみてわかりました。

そんな感じで、私がいた頃は雑誌も順調だったし、アスキーのコンピュータ書は岩波書店の出版物のような信用があり、ファンもいて、定価が高かろうと、出せば売れていましたから。

46　ベストセラーと世界書店巡り

――そういえば、確かベストセラーも出ましたよね。

能勢　それは『マーフィーの法則』、一冊だけですが。あれはものすごく売れて、五〇万部以上出ました。そこで私は西さんに百円玉を入れた大入袋を出してほしいといったんです。そうしたら、西さんは私の息子ぐらいの年ですから、大入袋は知らないし、カッコマンのところもあるので、「百円なんていうのは嫌だ、恥になるから千円入れる」という。でも千円入れたら大入袋にはなりませんから、間をとって五百円入れた。
その頃アスキーグループがふくらみ、ソフト関係、映画など色んなことをやっていて、パート、アルバイトを含めると千二百人ぐらいいた。それで大入袋は六〇万円かかった。しかしそれでアスキーグループ全体が盛り上がり、うちでもこんなに売れる本があるんだと関係者たちに知れわたり、それでまた火がつき、売れました。結局ミリオンセラーになった。

――それは安い広告費でしたね。

能勢　西さんは常々「感動のある本を作れ」といって、結構編集者のところを回っていたりした。ただ私とすれば、コンピュータ書のような無機質な本で、どうやって読者に感動を与えられるのかと思っていた。
そこに『マーフィーの法則』が出て、これが読者に感動を与えたかどうかはわからないけれども、少なくともベストセラーになって、西さんに出版者としての感動を与えたことは間違いないから、これは本当によかった。

それからこれは西さんに出会わなければ、自ら積極的に体験することはなかったと思いますが、彼はインターナショナルな発想で動いていましたので、海外視察をとても奨励してくれた。世界最大のブックフェアのフランクフルトBFを始めとして、様々なブックフェアに出かけ、とりわけ私は書店出身ということもあり、世界の書店巡りをしてみようと考えた。それはアスキー時代から始まって、現在も続き、年数回は海外書店訪問をしてきた。

――確か早いうちに能勢さんが『週刊読書人』に「世界の本屋さん」を連載していた記憶がありますが、その背景にそんな経緯があったんですね。

能勢 そうです。それがずっと続いて、『全国書店新聞』にも「アジアの出版・書店事情」も連載し、これまで四五カ国、一二七都市を訪問し、七〇〇店前後の書店を見ることができました。その一端が〇四年に今井書店郁文塾から出した『世界の書店をたずねて』で、写真も二万枚ほどたまりましたので、続編を予定しているところです。

――なるほど、出版業界におけるアスキーとコンピュータ書の時代と能勢さんの世界書店紀行の始まりはまったく重なっていることになる。

能勢 私の世界書店巡りはともかく、アスキーのコンピュータ書は完全にひとつのジャンルをつくりましたね。もちろんこれは西さんのライバル孫さんのソフトバンクも含めての話ですが。

最初は工学書協会の理工学書として分類されていたんですが、そのうちに書店でパソコンコーナーができ、そこに置かれるようになった。それで売れることがわかってきてから、色んな出版社、実用書関係のナツメ社や日本文芸社、理工書では技術評論社なども出し始めた。

――ナツメ社が早かったですね、社長が若返ったことと絡んでいたのでしょうが。

能勢 ナツメ社は早かった。それに私も通ったことを述べましたが、NECがパソコン学校をいっぱい持っていて、そこで教科書に採用したわけです。それで一気に売れた。

それらのこともあって、学研や宝島がムックでも出すようになり、パソコン書も低単価になってしまい、二、三千円の高定価の書籍が売れなくなってしまった。上級者向けのものの需要はあるのですが、どうしても部数は限られる。いわゆる安い入門書、ハンドブック的なものが主流となってしまい、九〇年代後半になると、やはりパソコン書の売上もピークを越えた感じだったですね。

47 取次の太洋社へ

――そのような出版状況が見えてきた時点で、能勢さんはまたしても職場を変える。しかもそれが取次ということになる。

能勢 私はずっと話してきましたように、教師を五年、多田屋に二五年、平安堂に五年、アスキーに五年いましたので、太洋社にも本当は五年いなきゃいけなかったんですが、短かったですね。

――太洋社もスカウトというかたちですか。

能勢 それには大きな理由があります。それは先代の國弘社長をよく知っていて、國弘さんは中小書店の開発や教育を担う部門を太洋社につくりたいと考えていたことです。また私もこれまでの経験を十分に生かして、書店コンサルタントのように仕事をしたいと思っていたことで、國弘さんの構想と私の考えが一致した。それが移った理由です。

――國弘さんとはアスキー時代から親しかったんですか。

能勢 そうではないんです。当時アスキーのコンピュータ書を常設しているのはやはり大手書店が多く、アスキーの営業方針と買切だったこともありますが、どうしても、東・日販の書店が主流だった。

ところが太洋社の場合、大手チェーン店というと文真堂、東武ブックス、パナックスといったところで、そんなにはなかった。だから太洋社にはアスキーの商品は入れていなかった。それでも少しずつ注文は入るようになり、私が窓口を担当するようになった。國弘さんとは多田屋時代から旧知の間柄だったので、出かけていった際にはしばしば会ったりしていた。それで太洋社へということになったわけです。

――かくして能勢さんは出版社、取次、書店の出版業界三業種をすべて体験することになった。

能勢　太洋社は短かったですけど、書店の勉強をするにはとてもよかった。取次シェアは当時三%ぐらいだったので、東・日販と異なり、取引先の中小書店の置かれている状況や内情がリアルにつかめる。私も三十年にわたって多田屋と平安堂を経験してきたので、書店のことは隅々までわかっているつもりでしたが、取次から見た書店はまたちがうもので、これも新たな驚きでしたね。

――そんなにちがうものですか。

48　取次から見た書店

能勢　それはどんな業界でも同じだと思いますが、物を送るほうと送られる側、金を受け取るほうと仕払う側があって、私はずっと後者の書店の側にいましたので、前者の取次のほうから書店を見るという視点はなかったと実感しました。同じように見えても、スーパーバイザーとフランチャイズ店との関係ともまったく異なるもので、アスキーという出版社も経てきたこともあり、生産、流通、販売のそれぞれの立場のちがいが太洋社にきたことで、より鮮明になった。

――それでどのような部署につかれたんですか。

能勢　まさに書店相談課です。三人で担当していました。八時前には会社に着いて仕事を始めるのですが、朝礼があり、昼食後に昼礼《ちゅうれい》があり、夕方には夕礼《せきれい》がある。これが取次としての太洋社のシステムなんだと入ってわかった。

――毎日なんですか。

能勢　毎日です。営業の人たちは外に出ているので、昼礼や夕礼に出られませんが、常に自分の担当地域、担当書店からこういう情報が流れている、入っていると連絡がある。そのような書店現場からのフィードバックを前提と共通認識にして、太洋社全体が動いている。あらためて取次というのは書店のことをすごく考えているんだなとわかり、感動しました。

太洋社は関東、東北、北陸、四国、九州の書店でそれぞれ組織する地域別太洋会が五つあって、版元をまじえ、温泉などで会を開き、私も講演をして、一泊の際には書店と色んな討議をしたりしました。これも太洋社ならではの会で、とても楽しかった。

―― 太洋社の場合、東・日販などと異なり、アウトサイダー的な雑誌取次として始まっていますから、それが書店に対するきめ細かいフォローにつながっているんでしょうね。

能勢 そうして太洋社とともに大きく成長したのが文真堂なんですが、その大型店からトーハンに帖合変更されつつある。トーハンが太洋社よりも有利な取引条件を提示したことに起因しているのでしょうけど、私としては短い在籍ではあったにしても、太洋社に同情したくなります。他の取次に比べ、太洋社の担当者は非常に書店思いの人が多くて、立派だなと思っていたこともありますから。

――それは出版社に対してもいえますね。割とフランクだし、取次的高圧感も窓口から感じられない。それは二代目の國弘社長のいい意味での合理主義者的ニュアンスが反映されているんでしょうね。コミック系出版社の信頼は太洋社が一番といいますし、TRCの窓口も太洋社であることは中小出版社にとってもとても有難いことですから。

能勢　その書店思いの太洋社の社員のことで思い出しましたが、アスキーにいた時、すごく優秀な営業マンがいました。彼は北海道と東北担当者だったんですけど、二月十四日のバレンタインディには彼だけダンボール一箱分のチョコレートが届いた。

――彼だけですか。

能勢　営業マンは七人ほどいましたが、彼だけにきたわけです。すごいなと思いました。要するに彼は実がこもった営業をしている。出張から帰ると、色んな注文に対して、必ずお礼の電話を入れ、場合によってはメールを打ったり、手紙も書いたりしていた。それが書店の女性担当者の琴線にふれたのでしょうね。

出版社、取次、書店のみならず、こういった彼の営業姿勢、心がこもっているということは必ず伝わるもので、彼は飛び抜けて、それを持っていたことになる。

――今も彼はアスキーにいるんですか。

能勢　それが辞めちゃって、今は確かテニスのコーチをやっているはずです。不安定な仕事だから、出版社に戻れば、彼のような人材はいくらでも必要とされているので、版元に紹介しようと思っても、もはや彼は戻る気はないようなんです。お母さんからも頼まれたし、大手出版社の名前も出したのですが。

彼に似たようなタイプの人たちが太洋社にはかなりいました。今その人たちはどうしているかと時々思ったりします。

――でもそれは九〇年代以後、加速して進行した出版業界のものすごく重要な点だと思います。出版社、取次、書店のみならずと能勢さんはいわれましたけど、出版業界全体から本に通じた人や愛着を持っている人たちが次々と辞めていった、あるいは追放されてしまった。制作、流通、販売システム、開発や複合店システムに通じた人たちが中枢を占めるようになってしまい、本のことなどまったく知らない人たちが出版業界を仕切っている状況になってしまった。それが失われた十数年における出版物売上の八千億円の減少につながっていると断言していいような気がします。

それはともかく、能勢さんは太洋社の優秀な人たちとすいか祭を立案し、それは今でも開催されていますね。

能勢　あの企画は夏枯れといわれていますが平安堂などでは八月が一番売れていたことから考えたわけです。トーハン、日販は新春の一月に開催し、コミックやベストセラーの山盛りして売る会をやっている。しかし一月に売れるのは正月だけで、それ以後は仕入れても売れないし、むしろ返品促進の会だと私などは思っていた。

今一番売れるのは八月の夏休みなんだから、いい商品を揃えれば、書店は必ず仕入れにくるということで始めた。それがすいか祭で、毎年七月の第二土曜日ですね。私の置き土産のようなものですが、すいか祭は今でもよく売れ、盛況で、太洋社は喜んでくれているんじゃないでしょうか。

49　ノセ事務所開設とその仕事

――さて能勢さんは短かったにしてもそのような太洋社での書店相談課を経て、書店コンサルタントとして独立され、現在に及んでいるわけですが、その直接のきっかけは何だったんですか。

能勢　私を引っ張ってくれた先代社長が亡くなってしまい、このままいると二代目社長のお付きの役目もやることになると考え、思いきって独立したということになりますか。

――それからずっと能勢さんは私が冒頭で述べましたように、出版社、取次、書店を経験した真の出版コンサルタントとして活躍されてきた。しかも月に二十日はその仕事で出張というハードスケジュールで動いている。こちらの話も色々とうかがいたいと思っています。もちろん能勢さんの守秘義務を侵さない範囲での話で結構ですので、このインタビューの最後にぜひ語って頂きたいと考えています。

能勢　これは九〇年代の書店状況をもろに反映していて、私も予想外の展開になりました。当初は太洋社の書店相談課の延長で、書店の開店相談、立地調査、マーチャンダイジングなどを目的にノセ事務所を開きました。

ところがスタートさせた九六年から二〇〇〇年にかけては書店の開店コンサルタントならぬ閉店コンサルタントになってしまった。

――どういうルートで依頼がくるんですか。

能勢　最初は多田屋時代によく知っている新風会の書店から始まり、日書連からもよく依頼が舞いこんでくるようになりました。

一度きてくれないかというので出かけていくと、チェーン店の視察にぐるっとつき合わされる。それで一巡した夕方になって、各店の数字を示され、「能勢さん、この中から最初に閉める店を決めてくれ」というケースが多かった。

――九〇年代になって、明らかに書店のバブル出店によるオーバーフロア状況になり、スクラップアンドビルド状況がひどくなったということなんでしょうね。それから何とか維持してきた商店街における本店の問題も、そろそろ決断を下さなければならない状況に入っていた。

能勢　両者が重なって押し寄せてきた時期だとよくわかりました。文教堂のようなナショナルチェーン化も、様々な書店によるフランチャイズチェーン化も、そろそろ行き詰まりの兆候を示してきましたし、一方で増加し続けてきた公共図書館、レンタル複合店のＴＳＵＴＡＹＡとブックオフの全国的展開によって、旧来の書店地図は完全に塗り変えられようとしていましたから。

やっぱり旧商店街に位置するかつての本店というのは完全に疲弊しきっていた。大半が高度成長期に建てたビルで、店によっては四、五階まで営業していたところもあった。ところが一階はともかく、二階から上はまったく売れなくなってしまっている。

ところが書店が売れなくなると、必ず相談にくるのが営業時間延長、本以外の新しい商品の販売、売場の拡張、もしくはリニューアルなんです。しかしこれは書店の場合、どれを選んだにしろ、すぐには結果が出ませんし、出たとしても半年で全体の売上の三％が伸びれば大成功なんです。新しい商品を入れたにしても、全体の売上の一％には至らない。一％というのはものすごく大きい数字なんです。一％になれば三％に育つ可能性が十分にある。

それに書店の三大経費というのがあって、人件費、家賃、光熱費ですが、時間延長すると人件費も光熱費もかかるので、ある程度の売上がないと、赤字だったところにさらに赤字が積み重なってしまうわけです。だから他の商売以上に書店の場合は営業時間延長、新しい商品の導入などの難しさ、コンサルタントの目から見て、これまたあらためて出版物という特殊で、再販委託制に基づく商品に依拠しているがゆえの困難さを認識しましたね。

そのような出版物の性格、反復購入商品ではないこと、新聞の出版広告が宣伝を代行し、それに集客力をたより、チラシがうてないこと、バーゲンやディスカウントができないことなどから、書店は売上が下がりだしたら、それを止めることは難しいし、まして売上のV字回復といった特効手段は見当たらないと痛感した。

――奇跡的なケースはなかったんですか。

能勢　それはないですね。ただ閉店を決めた矢先に、競合店が撤退の張り紙を出し、それで急遽閉店を取り止めたところ、七％ぐらい売上が上がったケースはありました。こうなると、競合関係がまさに食うか食われるかのチキンレースになっていたことを示していますし、売上はよかったにしても、他力本願以外の何ものでもないし、根本的問題は何も解決されていないわけです。

――そのような話を聞きますと、情報管理も重要になってくる。

能勢　そうです、どの地域もオーバーフロア状況で、競合店だらけですから、閉店や撤退の話が事前に外にもれてはいけません。だからそれを知っているのは社長と店長だけで、ただ従業員やパート、アルバイトにはそれを通告しなければいけない。だから閉店体制に入るのは一カ月前ということになる。今お話ししたケースは店長が閉店を明日告げようと思っていたら、競合店の張り紙が出たというものです。

――なるほど、そうなるともはやタイミングの問題だけだ。でも私はこの問題に関して、とても気になる話を聞いたことがあります。これはいうまでもありませんが、書店の経営状態を最もよくわかっているのは入金状況を毎月把握している取次です。

ある取次は経営者が変わってから、積極的な地方書店のリストラを進め、いわゆる取次が書店を切ることを始めた。ところがその経営者はナショナルチェーンを進めているグループときわめて関係が密だったから、そのような地方書店の廃業や撤退情報が取次からそちらのグループに伝わっていた可能性を否定できない。とすれば、これも一種のインサイダー情報ではないだろうかと。

能勢　それも大いに考えられますね。全国各地の出店においてはゼネコン、大手ハウスメーカーなどが出店をめぐって間に入っていますから、出版業界の常識だけで判断できないことが多々起きていると思います。

――それとあらためて考えさせられるのは商店街の恐るべき衰退と書店の建物の汎用性の無さですね。以前であれば、書店は撤退したにしても、別のテナントが入ったりして、まだ使い用があったはずですが、それも難しい状況になっている。

たまたま用事があって、この前松本に出かけた。そして町を歩いていると、高いビルがシャッターが降りたままになっていて、何気なしに見上げてみると、鶴林堂書店の看板がまだかかっていた。そういえば、ここは鶴林堂の本店があったところだと思い出した。

能勢　そういう建物は挙げていけば、きりがないほどあります。書店の建物が他に転用できればまだ救いはあるんですが、それはよっぽど立地条件のよいところだけで、現在ではそうしたところはほとんど残されていません。

私は閉店コンサルタントから始めて、今でも月に二〇日は出張という書店コンサルタント専業の日々を送っていますが、書店を他に転用し、問題解決という案件はほぼないですね。

――能勢さんの書店コンサルタントの仕事は主として今はどのようなルートで持ちこまれるんでしょうか。

能勢 日書連、各県書店組合、それから取次を通じてですね。取次の場合ですと、それぞれの地域に太洋社と同様に地域名を冠した会があって、まずそういうところで講演を頼まれます。その後で特定の頼まれた書店に寄って、コンサルタントの仕事をしてくる。そのオファーを全部受けていたら、それこそ月に三二日出張してもこなせません。ですからまずその書店にやる気があるかどうかを確かめ、本気だとわかれば、引き受けることにしています。

50　厳しい書店状況におけるシンプルな提言

──本来であれば、その能勢さんの講演を一時間拝聴できればいいんですが、ここでは色々とうかがう話が多かったために、その時間が少なくなってしまいました。
そこでそのエッセンスと現在の厳しい書店状況におけるシンプルな提言だけでも、最後にお願いできませんか。

能勢　私が講演で話したりするのはまず基本的な事柄です。日本の書店の場合、雑誌でお客を集めることがベースになっている。だから雑誌をもっと大事にしなければならない。しかし雑誌は誰でもできると考え、店長は雑誌担当を新米にやらしたりする。これはだめです。
雑誌の場合、地方の小さな書店と都市の大きな書店とそんなに変わらない。前者でも送られてくるアイテムは一八〇〇ぐらい、後者でも二二〇〇アイテムといったところです。だから書籍と異なり、雑誌はほぼ互角の品揃えですから、工夫と売り方次第で対等に勝負できるわけです。

雑誌自体はすべてを面陳列できない。それは一八〇〇アイテムをそうしようとすると、棚が三五台ほど必要となる。大体一台あたり五〇アイテムしか並べられませんから。そのためにほとんどの雑誌を面陳列で売ろうとしたら、よほどの大型店で千坪以上ないと無理です。

―― 能勢さんのいわれる普通の書店の棚は何台ぐらいなんですか。

能勢 二〇台以下ですね。だからどうしてもさし陳列になってしまう。最初はあまり重ならないように置くのですが、結局のところさし陳列は重なってしまう。重なってしまうと目にふれませんから、絶対に売れないし、探せない。だからそうならないように、担当者が棚に目を光らせるだけで、売れ行きがちがう。

それから雑誌は月刊誌の性格からいうと、大体発売から二〇日で売り終わっていると考えられます。私はこれを「雑誌の二〇日陳列論」として述べたところ、取次からクレームがついた。「能勢さん、雑誌を仕入れる時、取次の窓口は一カ月陳列することを書店に指導している。二〇日で返せなどとはいっていないから、二〇日陳列なんていわないでくれ」と。でも実際に八五%は二〇日までに売れていますし、二〇日で月刊誌の賞味期限は切れてしまっている。

コンビニの雑誌は最初一八〇〇アイテムから始まり、今は三〇〇アイテムですが、これも賞味期限しか陳列しないので、可能になっている。ですから雑誌の陳列の進化がコンビニに示されている。それは正しい理論であり、書店も導入すべきです。そのようにすれば、新しい入ってきた雑誌を面陳できるし、読者もついてくる。わかっている書店はそれをやっている。

――なるほど、それはとてもよくわかります。

能勢　それに雑誌の一八〇〇アイテムの中でも、六〇〇から八〇〇は趣味誌なんです。例えば、乗物関係で挙げるとしますと、『鉄道ファン』『鉄道模型趣味』『世界の艦船』だとか、戦車といったミリタリー関係、あるいは車の本と多くが挙げられます。車のようなポピュラーな雑誌は別にして、本来の趣味誌は大型店であっても、数冊の配本で平台で面陳になるかどうかわからない。中小の書店の場合だって、一冊ぐらいしか送られてこない。ところがそれは間違いなく三日以内に売れてしまっている。趣味誌の読者はその書店に自分が買う雑誌が必ず入っているから買いにきている。

それをわかっていれば、その読者にそれを定期講読してもらうように勧める。趣味誌をとっている人は同好の士を形成しているので、それらの人たちも来店するように、来月からその趣味誌の入荷をもう一冊増やし、平台での面陳販売も試みる。そうやって定期講読を増やす努力をする。

――趣味誌で思い出しましたが、このシリーズ4の中村さんからも『宝塚』の話を聞きましたし、この伊藤さんも『宝塚』はものすごく売っていたようです。

能勢 伊藤さんがいた頃のさわやでは、買切の『宝塚』と本と関連グッズを含めてコーナーをつくり、月二百万円を売っているという話を聞きました。しかもそれは盛岡だけでなく、東北の各県からも買いにきたといいますから。あそこにいけばあると口コミで広がり、わずか一冊の趣味誌がそこまで相乗効果をもたらすという絶好の例ですね。

――これは雑誌に関する一例でしょうし、もっとお聞きしたいし、他の書籍の分野についても色々うかがいたいのですが、それらは能勢さんの書店コンサルタントとしてのオリジナルなコンテンツですので、これ以上ここですべて開陳してもらうわけにはいきません。それこそさしでとどめ、これからの書店の方向性、どのようにしたらよいのかを一言お願いしたいと思います。

能勢 私は書店を見る時、四つのタイプに分類します。地域一番のリーダー店、それに次ぐ二番店、それから場所も悪いし、小さいので投げ出した感じのフォロアー、もうひとつは立地も悪く、店も小さいが頑張っているという、いわゆるニッチャー、個性店です。私は一、二番店のコンサルタントもしていますが、やはり個性店を増やしていかなければならないと切実に思っています。ちょっと比喩が飛んでしまうかもしれませんが、ビールでいったらヱビスビールのような書店を増やしていくことが、私の書店コンサルタントとしての究極の願いですね。

―― それが本の世界に半世紀以上生きてきた能勢さんの行き着いた思いと考えてよいのでしょうか。

能勢 大型店も出し、フランチャイズ店も担当し、レンタル複合店も経験し、経営指導もしてきた私がいうのもなんですが、その最後の場面になって出現した書店の大半が空虚に思われるからです。私たちプロの目で一巡しますと、この書店に自分の買う本はないとすぐにわかる。

―― 何もかも揃っているようで、よく探すと買う本が何もない。

能勢 そのとおりです。出る時にものすごく空虚な感じを覚えてしまう。その空虚な大型書店に対して、やはり自分の意志で品揃えをしている小書店を見ると、逆に救われる気がする。

もちろんこのような書店を増やしていく特効薬はまだない。しかし私の最初の本の『本と読者をつなぐ知恵』というタイトルにこめられた「本と読者をつなぐ」のはそのような書店でしか実現できないとはっきりわかったからです。

今回の未曽有の東日本大震災の被害もあり、あらためて地域と書店のあり方、本と読者をつなぐ書店の問題がクローズアップされてくることは間違いない。そこでは新たなる出発が必要でしょうし、今までと同じことを繰り返しても意味はない。まだ今回の大震災が出版業界に対して与えた被害の全貌はわかっていませんが、これまでのような大量生産、大量消費、大量廃棄的な出版、書店の大型店の出店をずっと続けられないことだけは明らかです。

紙やインク不足もあり、既刊在庫の時限再販問題も本格的に浮上してくるでしょうし、そのような様々な問題に際し、微力ながらも私の書店コンサルタントとしての最後の仕事として取り組んでいきたいと思っています。

――それにぜひ期待したいですね。これまで語って頂いたように、出版業界において能勢さんのようなキャリアをお持ちの人は誰もいませんし、東日本大震災以後の出版業界に対し、率直でクリエイティブな発言をぜひお願いしたいと思います。

もう少し時間があれば、アメリカの書店におけるディスカウントとバーゲン事情、日本の郊外ショッピングセンター内書店の行方、携わった出版社のM&Aの話、ベンチャーファンドによる取次買収案件などもお聞きしたかったのですが、またの機会にということで、これで閉じさせて頂きます。

能勢さん、長時間有難うございました。

《付論》消えた書店——あの書店はもうない

毎年多くの書店が廃業している。

北海道から沖縄県まで、消えた有名・老舗書店（大手チェーンの撤退店除く）を調べてみると、把握できるだけで九四店もあった。

創業最古は島根県松江市の園山書店で江戸期の一八一一（文化八）年。戦前の創業店は明治期一三店、大正期二店、昭和戦前期八店の計二四店である。地方文化に貢献した老舗書店が、高度経済成長期後の九〇（平成二）年以降に廃業しているのが目立つ。

その理由は、無理なチェーン展開、商店街の地盤沈下、大型店出店の影響、後継者の不在、経営意識の喪失などさまざまである。書店地図が大幅に塗り替わってきている今、書店史の資料として老舗書店の名を記録しておきたい。

●北海道、東北ブロック

【北海道】

書店新風会の会員だった函館の**森文化堂**が廃業したのは〇四（平成一六）年であった。社長の森祐平は大学卒業後、実業之日本社で修行をしてから店に戻った。七三（昭和四八）年には松風町の本店を新築している。地域の文化に貢献した店であったが、周辺の地盤沈下には勝てなかった。

岩見沢の**本のみせ・ふるかわ**（古川春雄社長）は街の中心にあり、店売も売れていたが、外商にも熱心な店であった。釧路の**山下書店**は七二（昭和四七）年に書店新風会に入会しているが、九〇年代にチェーン店を文教堂に身売りしたので、山下書店の店名はなくなった。

帯広の**田村書店**も本をよく売った。和服の似合う美人社長夫人が有名であった。各出版社の販売コンクールの記念パーティにはほとんど顔を出していた。田村書店サニー店は八四（昭和五九）年当時一一〇坪あったから、大型店であった。市内で一番学参を売る店であったし、また工学書もよく揃っていた。出版社が田村書店に足を運んだのは、外商力があったからである。各社の企画を選んで読者に結び付けていた。学校巡回も強く一〇〇校は掌握していた。

札幌南一条にあった**維新堂**は、名前の通り歴史があった。〇六（明治三九）年の創業で、八六坪の大型店だった。繁華街にあったので若い女性対象の本がよく売れていた。**本の店・岩本、君島書店**も北海道の書店文化に貢献した店であったが、今はない。

また、消えてはいないが、北海道全域五〇〇万人の道民に親しまれ、愛されていた富貴堂の今の姿は悲しい。当時を知っているだけにその思いが強い。教科書は富貴堂で買うものと思っている人がいかに多かったか。クリスチャンの中村富蔵の富貴堂の朝礼は賛美歌で始まった。敬虔な書店人だった。次の中村康社長も有名人であったが、故人となってしまった。現在の北海道はナショナルチェーン書店によって席捲されてしまっている。

【青森県】

青森県を代表する弘前市の**今泉本店**（社長今泉幹一朗）の廃業は衝撃的であった。一八九二（明治二五）年の創業で、六八（昭和四三）年一一月には鉄筋コンクリート五階建て、延べ六〇〇坪の社屋は、当時東北一ではなかっただろうか。七四（四九）年五月一日には弘前市と共催で「佐藤紅緑誕生百年記念行事」を行っている。地域文化をリードした名実ともにNO．1書店であった。昭和五〇年代に紀伊國屋書店出店のあおりを受け廃業してしまった。今泉良郎は青森県教科書供給所の社長として頑張っている。

青森駅前で出版社がよく訪れた**岡田書店**は〇九（平成二一）年に廃業している。駅前商店街の再開発により、店舗は新築ビルの二階となった。従来の路面店だった岡田書店のイメージは薄れた。再開発の被害者といってよい。社長の岡田浩樹は青森トーハン会の会長であった。

黒石市の**祖父尼書店**も〇七（平成一九）年に閉店している。市内一番店であったが、人口減、読書人口の減少による売上減はいかんともし難かった。外商の努力も報われなかった。祖父尼も青森トーハン会の会長をしたことがある。

【岩手県】

盛岡市の中心地は書店の密集地区である。さわや書店（日販帳合）の真ん前に**第一書店**（栗田）、その先に東山堂（トーハン）と通りに書店が並んでいるので、読者天国の街であった。その上、盛岡の書店はカルチャー志向が強く、どの書店も喫茶とギャラリーを併設していた。

道を挟んで真向かい同士が書店という立地も珍しい。街の中心地にある第一書店は二七（昭和二）年創業の老舗であり、一、二階一四〇坪は堂々たる書店であった。ギャラリー並びに美術書の品揃えは市内一番と筆者は思っていた。しかし、丸善、ジュンク堂書店が出店する前に閉店してしまった。

北上書店は北上市においてユニークな店であった。九〇坪と地元では一番大きい店舗であった。社長の間室絆は気骨のある人で、ベストセラーよりも良書を売る人であった。地元読者に認められた繁盛店であった。しかし二〇年程前に栗田の社員に経営を委ねたが、今店はない。間室のお嬢さんは六本木の青山ブックセンターで本のソムリエとして頑張っている。

花巻市の梅津健一郎は日書連の役員もし、誠山房の社長であった。花巻、一関、水沢、盛岡各地に一一の店舗を有していた。本店は花巻市の繁華街にある一二〇坪の店であった。店売、外売のバランスのよい店であったが、地方都市の中心地の地盤沈下は想像以上のものであった。デパート経営を目指していたことが凶とでて、「兵どもの夢の跡」となった。

【宮城県】

仙台の御三家といえば高山書店、宝文堂、金港堂であった。八〇年代に頭一つ出ていたのが**高山書店**であった。一番町商店街が全盛の時は良かったが、仙台のマーケットも移動している。そのうえ中央から大型書店チェーンが来仙し、大規模店を構えるようになり、地元書店は後退を余儀なくされた。高山書店の終焉は意外に早かった。

八重洲書房を今知る人は少なくなった。みすず書房の出版物を九〇（平成二）年に全国で五番目に売った書店といえば、店の性格がわかるであろう。東京の八重洲ブックセンターと間違えられるが、全く関係ない。仙台駅前のサンスクエアビルの二階に四〇坪の店構えだった。社長の谷口和雄が七〇（昭和四五）年にオープンした店で、二〇年以上は持続したのであろうか。人文系の出版社が仙台にくると、一番に顔をだす書店であった。

【秋田県】

三浦書店は秋田市中通りにあり、一二三五坪の売場は市内一番であった。三二（昭和七）年創業で、社長の三浦敬一の経営手腕は冴えていた。学生の人気は高く、新学期の混雑ぶりは凄かった。専門書にも力を入れたので、総合書店として読者の支持は高かった。書店新風会のメンバーでもあった。

二代目の三浦義明は東京・新橋の第一ホテルでホテルマンを経験してから三浦書店に入社した。新風会では会報副委員長として活躍したが、自店の方はじり貧になってきていた。

競合店に押される状態になり、店舗移転を機に秋田教科書供給所（秋田協同書籍）に売却したが、その店も〇九（平成一九）年に閉店している。

日書連理事で秋田県組合の理事長の店であった湯沢市の**ブックス太郎と花子**も〇三（平成一五）年に店を閉めた。この店は二つのことで有名であった。

その一つは、店の看板に宮沢賢治の詩「雨ニモ負ケズ、風ニモ負ケズ」の全文が書かれているのである。太郎と花子の店名に相応しい店であった。もう一つは店頭外商の強い店として有名であった。入店してきたお客様全員に企画商品、外商商品を女性社員やパート社員が奨めて予約をとるのである。筆者もその洗礼をうけた経験がある。店頭で一〇〇部、二〇〇部の予約はざらであった。この商法は全国に知れ渡り、社長の川井寛は多くの会に引っ張り出されたのである。競合店の出店もあるが、突然閉店してしまった。

大館市の**又久書店**は地域一番店であった。大館市、鹿角市に七店舗をもつチェーン店であったが、〇七（平成一九）年に廃業した。社長の越前啓一は秋田県組合の理事長や秋田トーハン会々長を長く務めた人であった。大館に空港が開港しても書店には関係なかった。

【山形県】

酒田市の**堀青山堂**は七六（昭和五二）年に酒田の大火に見舞われた。しかし、見事に立ち直った様子が、ねじめ正一『青春ぐんぐん書店』（新潮文庫）に描かれている。市内に駅前店、中央店、銀座店と三店があった。社長の堀真一は若い頃千葉の多田屋で修業し、奥さんともども庄内に帰った人である。郷土書のよく揃った店であった。しかし今はない。

【福島県】

郡山駅から歩いて二分ほどのところに**東北書店**があった。書店は鰻の寝床がよいといわれるが、東北書店はその見本であった。間口三間半、奥行二三間で、店は一階＝雑誌・新刊・文藝・文庫・新書・ビジネス書・実用書、二階＝社会科学・人文・理工学書・コンピュータ書・教育書・芸術書、三階＝こどもの本・小中高参考書・辞書だったと記憶している。レジは各階中央にあった。

東北書店の特色は二四〇坪という、地域一番の売場面積と総合書店としての品揃えであった。ハードもよければソフトとしての社員の資質の高いことも特色の一つであった。モータリゼーション時代以前は、東北書店は好立地であった。しかし今日の車社会では街中は不向きである。廃業の理由は聞いていないが、街の灯が消えたことにあることは確かである。

●北関東ブロック——

【茨城県】

水戸市の**ツルヤブックセンター**は茨城県で一番の勢いがあった。繁華街の二五〇坪（一、二階）のツルヤブックセンターは、川又書店とともに水戸を二分する書店であった。ツルヤブックセンターの隣は親会社の鶴屋デパートがあった。町の人に話しを聞くと衣料品に強かったという。ユニクロやしまむらが出てくる前の衣料品業界である。ツルヤブックセンターは外商力があり、出版社には心強い存在であった。百科事典ブームの時には全国有数の売上を示した。

土浦市に**白石書店**があったが、今はどの書店名簿を見てもない。確か教科書取扱店だと思うのであるが。

【栃木県】

玉藻書店の大島繁夫社長は研究熱心で、商品開発に力を入れていた。本店は今市市にあり、鹿沼にも店はあった。良書チェーン（書店経営の勉強団体）の幹部であった。大島氏は話が面白く、ユーモアたっぷりの人だったので、社長の周囲はいつも人で一杯であった。
ＰＯＳもレンタルもない時代の書店経営であるから、良書チェーンに集まる中小書店はどんぐりの背比べであった。他店の成功例はそのまま自店に利益をもたらしたのである。筆者もこの会で勉強させてもらった。玉藻書店がなくなっているのは悲しい。
大塚書店の社長の大塚宣は慶應義塾出身のインテリであった。早い時期に息子純夫にバトンタッチをした珍しい経営者であった。大塚宣は小柄であったがファイト満々の人だった。話し方はおっとりしていたが、商売は時代の先端をいっていた。良書チェーンのメンバーでもあった。大塚書店のあった栃木市はＪＲ両毛線と東武鉄道の交差するところでもあった。旧城下町、旧宿場町、旧市場町で風情の多い街である。大塚社長は大型量販店が進出する前に活躍した。新型商業施設の進出が廃業を早めさせたのであろう。
うちやま集英堂は宇都宮の老舗書店である。昭和三〇年代に発足した書店新風会の栃木県の代表店として、最初から加盟している。教科書供給の権利も持っていた。内山トクが店頭に長く立っておられたが、知らぬうちに店はなくなっていた。

【群馬県】

高崎市に**学陽書房**という書店があった。社長は佐藤博といって陸軍士官学校出身の毛色の変わった書店人であった。高崎市の繁華街に七〇坪で商売をしていたから、繁盛店であった。社長は理想主義者であり、合理主義者でもあった。当時（三〇年前）から書店は個店では勝てない、チェーン化、共同化しなければならないと言っていた。

具体的には桐生のミスズヤ書店、足利の岡崎書店と共同で工学書を工業地帯に巡回販売していた。文真堂書店がまだチェーン化を始める前の時代である。佐藤社長は千葉まで来てくださり、筆者に商売を教えてくださったことがなつかしい。いつ廃業されたかは知らない。

サカモト書店は前橋ではユニークな書店であった。喚乎堂に比すべきまではいかないが、繁華街に六五坪の店舗であったから、八〇年代では中型店であった。社長の阪本一郎の学識が読者の気持ちをとらえたのである。ベストセラーよりも良書普及に力を入れた。岩波書店、みすず書房などの本が店舗に集められたことは言うまでもない。しかし前橋の繁華街も閑古鳥がなくようになった。サカモト書店も九〇年代後半以降に終焉を迎えたのであろう。

●関東・東京ブロック

【埼玉県】

所沢の繁華街プロペ通りに**東亜芳林Ｂｏｏｋｓ**があった。創業は四四（昭和一九）年だから古い。

一五〇坪の売場に県下随一の各ジャンル別売場を作り、学参、専門書、児童、コミック、文庫など売場スペースは広かった。昭和五〇年代の記憶であるが、当時一階は化粧品、ファッション衣料売場、二階が本の売場であった。プロペ通りの中心部に店があったので、店前の人通りは凄かった。浅草の仲見世並みであった。店頭の化粧品売場は特に効率がよく、資生堂の販売コンクールでは東京一になったことも。九〇年代、タバコの不始末で店舗は全焼、再建されることはなかった。

上尾市に日教販ご推奨の店**ロダン合格堂**があった。路面店で八〇坪の書店は学参売場としてはこれで十分であった。新学期の爆発的な学参・辞書の販売は語り草になっている。社長の小築正次は同じ上尾市で**ロダン書房**を経営していたが、今は両店ともない。埼玉県で著名な岩渕書店も、さいたま市に官報販売所二箇所を残して一般店はなくなってしまった。日書連の埼玉県組合の役員を長年とつめた人である。

川越の中心商店街に変わった書店があった。それは**ユタビ書店**といい、地図、旅行書の専門店であった。店の隣に旅行代理店があった。店内にいると旅の楽しさが伝わってくる気がした。**原市書店**はチェーン店を大宮に数店もっていたが、今は書店名簿から全く姿を消してしまった。中堅書店として名を成していたので、消えたのは惜しい。

【千葉県】

原勝書店が業界に投げた話題は大きい。浦安駅前に創業したのは七三（昭和四八）年だった。社長は関口定夫であり、店長は前田覚であった。当時駅前で一〇〇坪の売場であるから、店売は繁盛していた。後に社長となった前田のアグレッシブな性格は、外商に向いており、五〇校以上の学校に出入りしていた。地元の東海大付属浦安高校が甲子園に出場した時、前田は多額の寄付をしている。寄付とバーターかどうかわからないが、付属校の購買部の商品は原勝書店の一手納品であった。

旺文社の『中学時代一年生』は三千部、『百科事典〈エポカ〉』は二千部売っていた。二玄社の中国絵画は億単位の売上げだったと思う。前田社長は人をそらさない人なので、店の事務所、応接室はサロンの様な雰囲気で人が集まっていた。

原勝の商売は荒いと評した人もいたが、とにかく出版物を売った店であった。しかし好景気は長く続かなかった。取次を変えてもダメだった。そして終焉を迎えた。

彗星の如く現れ、彗星の如く消えたのは**アークブックセンター**（当時、本社行徳）である。日販ご推奨の書店であり、希望の店であった。富士通のプログラマーから転身した社長の田中茂雄は田中角栄の遠縁でもあった。彼が特にそのことを商売に持ち出すことはなかった。

ＩＴ大好きの日販が後押ししないわけはない。田中は月次決算はおろか、日次決算までしていた。毎年秋に、浦安ワシントンホテルに一〇〇社以上の出版社、取次、銀行、取引業者を招待し、自社の経営戦略を披露してくれた。六〇億円の売上がやがて七五億、一〇〇億円に到達間違いなしと思ったのは筆者ばかりではない。スタッフも育ち、千葉県Ｎｏ１書店も間近であった。

しかし企業とはもろいものである。他県に出店した投資が裏目に出た。銀行、取次の支援は得られなかった。店はなくなったが、田中は元気である。復活を願う一人である。

【東京都】

ソーブン堂書店の原享社長は中小書店の指導的な立場にあり、首都圏で結成された良書チェーンの最高責任者であった。店は都内でも有名な武蔵小山書店街の一番店であった。支店は高田馬場商店街にもあった。昭和二〇年～四〇年代をリードした書店であったが、しかし商店街には限界があった。都内のモデル地区であった武蔵小山も量販店の攻勢には敵わなかったのである。

神田駅前にあった**前田書林**は他業界からの進出のモデルケースのような書店だった。前田硝子が書店業に乗り出したのである。このために、神田地区で一世を風靡していた**日本会社実務センター**は閉店した。歴史は繰り返すとはよくいったもので、今度は神田にブックファーストが進出してきて、前田書林は消えた。

雄峰堂書店は各所に出店し、多くの取次と商売をした。雄峰堂書店は買収出店もあったが、雄峰堂書店を引き継いだ書店も多くあった。とにかく業界を賑わしてくれたチェーン店であったが、結局はつぶれてしまった。いま、地下鉄の兜町駅にある店舗は、同店店長だった森山義治が引き継いでいる。

茅場町にあって証券関連図書の専門店として**千代田書店**は有名であったが、今はない。

店舗は茅場町の本店、新川店、兜町の山種ビル店などがあった。社長の山口静馬は日書連で活躍した人である。女優山口果林の生家としても有名であった。

三鷹駅前に喫茶、音楽、本の店として**第九書房**があった。社長石田弘二は日書連の役員として活躍していた。正しい店名は浜松屋第九書房である。ベートーヴェンの第九から店名をとったことは言うまでもない。昭和三〇年代にこんな洒落た店があったのである。書店と喫茶は合うので、多くの読者が第九書房に集まった。もちろん本の品揃えがよかったからである。駅周辺は都市計画によって変わってしまった。第九書房の面影はもうない。

八王子駅前に**ブックワールド鉄生堂**という約一〇〇坪の書店があった。すぐ隣にくまざわ書店本店、三成堂書店があり、激戦地であった。鉄生堂の創業は一八七七（明治九）年と飛びぬけて古い。豊田駅前店、多摩平店などの店舗を有していたが、みな消えてしまった。ちなみに、三成堂書店は現在、国分寺店のみとなっている。

店売を止めてしまった店に自由が丘の**自由書房**がある。田中誠社長と専務の夫人は名コンビで、個性的な店売を展開していた。文庫よりもハードカバーの単行本に力を入れ、美術書を売る店でもあった。パソコンを駆使した顧客管理システムがあるので、現在も外商は生きている。日書連の会長をつとめた小沢淳男の**湘南堂**（杉並）も廃業してしまった。

神保町の富山房書店も店売部門を閉め、出版部門だけ営業している。
同じ神保町にあった**書肆アクセス**も〇六（平成一八）年に廃業した。地方・小出版流通センターの店売部門として有名であった。全国の地方出版物が買えるので、読者は遠隔地から集まってきた。
直近の廃業は神楽坂の**ブックスサカイ深夜プラス1**である。ミステリーの品揃えに特色のある書店として読者から親しまれていた。こうした書店が廃業するのは残念でならない。日書連の副会長をつとめた土橋金蔵の店、金港堂も店は営業していない。店名は『全国書店名簿』『ブックストア全ガイド』には渋谷区の中に掲載されている。教科書と外商は残されたという。紀伊國屋書店新宿南店の影響が強かったと考える。土橋の金切り声の叫びが筆者の耳の奥に残っている。個人的にもお世話になったことを感謝している。

【神奈川県】

川崎市を代表する書店であった**文学堂**は小泉敏郎、節哉と親子二代にわたって地域文化に貢献した。父の敏郎は市の教育委員を務める一方、絵筆を揮っていた。川崎風吉の名前で連載スケッチ『へんろ』画集を出版している。書店新風会の機関誌の表紙は敏郎によるものだった。二代目社長の節哉も新風会の重鎮として活躍した。日販、その後中央社に帳合を変更していたが、廃業の憂き目をみた。

書店新風会の五代目会長の奥津宏の小田原の**八小堂書店**も今はない。ニューヨークの銀行に勤務していた奥津が日本に戻り、家業を継いだ。書店と出版社をつなぐ八友会を結成するなど精力的に活動した。後に奥津はニューヨークで客死と、劇的であった。

横浜市の日吉にあった**山村書店**（三店舗）も廃業している。社長の山村信一は日書連の役員をするなど書店の面倒見もよかった。山村は慶應ワグネルで活躍した経歴もあり、コーラスを引率してオーストラリヤで公演することもしばしばであった。

●近畿ブロック

【滋賀県】

滋賀県内で唯一の新風会々員であった草津市の**村岡光文堂**（社長村岡甚五郎）も今はない。〇三（平成一五）年前後の廃業である。県内に四〜五店舗のチェーン店を展開していたが、どの店も地域一番店にはなれなかった。

【大阪府】

駸々堂書店の創業は一八八一（明治一四）年である。会長大渕甲子郎、社長大渕馨は出版界はもちろん、関西経済界でも重鎮であった。出版社としても有名で、新学期に駸々堂出版の小中学参はどの書店でも陳列していた。駸々堂出版の新書版も歴史がある。グラフィックなものが多かった。今、古書市場では結構人気のある商品になっている。

筆者が千葉の多田屋にいた時、二、三年の間多田屋と駸々堂書店の間で交換社員交流をしたことがあった。大阪市商工会議所と千葉市商工会議所の間で、業種別交流社員制度があったのである。書店部門で多田屋が選ばれ社員一名を駸々堂書店に送り、先方から一名をお預かりした。期間は三週間で、その時大渕社長に大変にお世話になったことを思い出す。

八五（昭和六〇）年当時、駸々堂書店は大阪市内に一三店あった。心斎橋のそごうの近くにあった本部と道路をはさんだ向かいに、心斎橋店一二〇坪があった。そのほか阪急ファイブ店一四〇坪、京橋店一〇〇坪、アベノ店九〇坪などの大型店を擁していた。九〇年前後では一〇〇坪は大型だったのである。

八五（昭和六〇）年当時、大阪では旭屋書店本店六五〇坪、阪急百貨店書籍売場（今のブックファースト）三〇〇坪が市内最大であった。チェーン店としては売場面積が大きい店が多かったのである。

駸々堂書店が業界をあっと驚かせたことがあった。それは神戸市の三宮に九〇〇坪の書店を出店したことである。ジュンク堂書店は当時はまだまだローカルで、知る人ぞ知る書店だった。駸々堂書店が殴りこみをかける結果となった。ジュンク堂書店の工藤恭孝、岡充孝の胸中は穏やかではなかったはずである。

三宮に出店後、会社経営の歯車が狂いだした。出版部の赤字、食堂部門の赤字、三宮出店の費用負担などで財務が行き詰まり、あっという間の倒産であった。ジュンク堂書店を育てたのは駸々堂書店だったという皮肉な出版史がそこにはあったのである。

大阪府下松原市に**松原書店**チェーンがあった。九店舗あったが、今はない。

【京都府】

出版社であり書店も経営していたのが**京都書院**である。書店よりも出版社として有名であった。京都の歴史と文化を紹介した美術関係書は、全国どこの書店でも売れた出版物であった。書店として京都書院は中央区の本社にあった本店のほか、河原町店などがあった。本店は二九（昭和四）年の創業で繁盛店であったのだが、九九（平成一一）年に会社は倒産した。

オーム社書店も、出版社オーム社の直営書店であった。河原町店は一、二階で一〇〇坪の総合書店であった。繁華街のど真ん中にあったので繁盛店であった。社長の木島弘晴は新風会に加盟し、京都の書店業界をリードする立場であった。ほかにも、北野白梅町に七〇坪の白梅町店、大坂・堂島に三〇坪の大阪店などの支店があった。しかしナショナルチェーンの進出は独立店舗を脅かし、書店業は廃業の憂き目をみるのである。オーム社書店は大阪堂島、千里山にも支店があった。

京都駸々堂も一大書店勢力であった。なかでも映画館跡を書店にした京宝店は京都一番店と評する出版社もあった。この店は品揃え、陳列、商品知識、接客、企画、催事――と何をとっても良かった。筆者はアスキー時代にいち営業マンとして訪問したことがある。

この店の特色は人文系書籍に強いことであった。当時でワンフロア三五〇坪は超大型書店といってよかった。京都駸々堂は京都本部のほか、河原町店、三条店、近鉄店、京都駅店、ポルタ店、長岡店など、飛ぶ鳥を落とす勢いの時代があった。しかし本体である大阪の駸々堂書店の倒産と連鎖して、京都駸々堂も廃業してしまったのである。

【奈良県】

奈良県には一二の都市があるが、五条市を除いた一一都市が県北や大阪府に近い地域に密集している。従って奈良県の書店マーケットは大阪志向になってしまう。有名書店はそれぞれの地域で頑張っている。天理市の**木下書店**が廃業したことが目立つくらいであった。

【兵庫県】

漢口堂湊川本店の創業は三七（昭和一二）年、一六〇坪の老舗大型店であった。社長の安保信太郎は、書店は地域の文化センターであるという考えが強かった。年中無休、繁華街、ビジネス街にあったので本はよく売れた。商品管理の徹底された店で商品構成別売上比率を開示している。文藝二〇％、文庫・新書二〇％、実用書一五％、コミック一五％、児童一〇％、学参一〇％、人文五％、理工五％である。

この店の商品配置は一階＝雑誌・法経書、二階＝新刊・文藝・美術、三階＝文庫・新書・小中学参、四階＝高校学参・理工・コミックである。ビジネス街にあるので、一階に法経書があるのは面白い。丸善・丸の内本店に似ている。

血縁者が各チェーン店の店長をしていた。八五（昭和六〇）年当時、長男の安保美己夫は三宮店を担当、共栄店は安保義明、本店は安保正博といった具合である。九六（平成八）

年には代表者は美己夫になり、明舞店店長に安保裕司、西髪そごう店店長は岡崎俊郎、三宮店店長は遠藤幸雄であった。地域密着の漢口堂が無くなったのはほんとうに惜しい。

コーベブックスは、さんちか店、サンこうべ店、センター店、伊丹店と、四店すべて最高の立地に店舗があった。サンこうべ店は店内に市役所にゆく公道が通っていた。従って坪効率最優秀の店であった。さんちか店は来店客数が一日平均一万人以上と繁盛店だった。人文、社会、文藝、郷土書に力を入れた個性派書店であることは、読者も認めるところであった。大阪や姫路から来店があり、商圏の広い店であった。

創業一八八五（明治一八）年の**日東館書林本店**一五〇坪は老舗大型書店であった。専門書、学参の売れる店で、書籍八三％、雑誌一七％の売上比で、紀伊國屋書店並みの書籍店であった。学参二〇％、理工書一五％、文藝一五％、文庫・新書一五％、実用一〇％、児童一〇％、コミック一〇％、人文五％の比率であった。本店以外では垂水店、長田店、そごう店があった。日東館書林が廃業したことも惜しいことである。

南天荘も名前が知られているが、今はない。本店のほか、六甲店と阪急六甲店の二店があった。

淡路島、洲本市に出店した郊外店のはしりであった平安堂のＦＣ店**ブックポート**三〇〇坪はモダンな書店であったが長続きしなかった。

●北信越ブロック

【新潟県】

新潟・古町通りに二八〇坪（最盛期）の店舗を構えた老舗大型店の**北光社**も時代の波に勝てず、一〇（平成二二）年一月三一日に店を閉めた。閉店前日にお邪魔したが、閉店を惜しむ市民の声二〇〇通くらいがウインドーに張られていた。もちろん『新潟日報』にも大々的に閉店を惜しむ記事が載せられていた。新潟を代表する書店が消えてゆくことはさびしい限りである。

【富山県】

富山の中心地・総曲輪《そうがわ》に**瀬川書店本店**はあった。一・二階で一二〇坪の店舗は、昭和三〇年代では大型店であった。総曲輪商店街全盛の時代で、日曜日には数多くの富山県民が訪れる場所である。大通りを挟んで瀬川書店（日販）と清明堂書店（東販）が相対していた。本だけの清明堂書店に対して、瀬川書店はスポーツ用品も扱っていた。とくにスポーツ衣料品が目立っており、ファッション性を感じたものだった。瀬川書店は西武デパートやショッピングセンター内の店舗のほか、富山大学前支店などに出店していたが、商圏の移動のスピードに追いつけなかった。

とやまブックセンターは富山県初の大型郊外書店であった。一〇〇坪の売場には本に加え、文具やレコード販売、映像レンタルも併営していた。社長の羽田野正博は慶應義塾出身で、市の商工会議所の職員を辞め、書店に転進した。資産家であったので、出店費用には、こと欠かなかった。その後は市内沿線に三、四店舗を展開。しかし、富山市内の有力チェーン書店の挟撃に会い、次第に没落したのである。

【石川県】

王様の本が八〇年代、石川県を席捲する時代があった。全国からの訪問者も多く、社長の藤川隆司は大忙しであった。彼をサポートしていたのは藤川夫人であり、彼女も業界の注目の人であった。本と文具、ファンシー、革製品の店として独特の複合型郊外書店であった。

本店は野々市にあり、一〇〇台は収容できる広い駐車場を擁していた。この駐車場戦略が藤川社長の経営戦略であった。店舗にも工夫をこらし、入口には必ず数段の上り階段があった。これにはわけがある。店に入るときは数段降りるわけであるが、その時に店全体が見渡せるのである。店が広々と見えるうえ、自分の探すエリアがどこにあるかもわかる。一石二鳥の眺望階段なのである。

もちろん、階段脇にはスロープが付いていて、身障者への対応も十分だった。藤川夫人は毎週上京し、革製品、ファンシーグッズの仕入れをしていた。会社の利益源であったことは言うまでもない。書籍部門では毎週行うミニ催事に特色があった。毎週となるとなかなかできることではない。社員の全員参加がなければ継続できない。

しかし、店に突然の不幸が襲った。藤川社長の急逝である。藤川夫人が社長になり、建築事務所を構えていた一級建築士の長男が店に戻ってきた。その後も夫人は活発に車でチェーン店を回り、社業も順調に見えたが五年ともたず、〇七(平成一九)年に倒産となった。

小松市の**本のタバタ**も出版社間で話題になった書店である。小松空港から一番初めに訪問される店であった。社長の田畑英之は地域一番店であることを認識し、一、二階の店舗を客で埋める努力をしていた。とくに階段の踊り場の活用は絶妙であった。二階は学参、児童書売場で人気があった。田畑のモットーは客、取引先、社員に対して、誠実と信頼と愛をもつことであった。

【長野県】

〇七（平成一九）年に流れた**鶴林堂書店**廃業のニュースは衝撃的であった。松本の文化をつくったあの鶴林堂が……と誰しも思った。一八九〇（明治二三）年創業の鶴林堂書店は、歌人の窪田空穂、太田永穂、作家の北杜夫、武者小路実篤、竹久夢二などが訪れた書店である。鶴林堂ビルは七三（昭和四八）年に新築された。市内には四店の支店があった。

鶴林堂が業界で有名なのは、「書店新風会」を五八（昭和三三）年に結成させたからである。全国の有力書店二三店の団体で、その初代会長が創業者の小松平十郎であった。

松本市内には書店が多い。**遠兵**という変わった名前の書店が街の中心部にあった。書籍、雑誌、文具の中堅書店で気骨が感じられた。駅前ビルの二階にあった**ブックスロクサン**も良質な書店であった。地方の総合書店として、自然科学、人文科学など専門書分野で特色ある品揃えをしていた。出版社が必ず訪れる書店であった。行きはエスカレーターで店内に入れるが、帰りは階段で降りなければならなかった。惜しい書店が消えたものである。

【福井県】

創業一八七九（明治一二）年の**品川書店**は県内一の老舗であった。教科書の総元締の書店として県下に名をはせていた。社長の品川一郎がそれ以上に著名であったのは、読売巨人軍の球団代表者だったからである。

福井駅前にあった、**ひまわり書店**一五〇坪は、**勝木書店**二五〇坪に次ぐ書店であった。ベストセラー、雑誌、文藝書がよく売れた。立地がよく、商品回転率が高かったので、ほとんどの出版社が訪れていた。

●東海ブロック――

【愛知県】

愛知県の中で古くて大きい書店に**日進堂書店**があった。創業が一九（大正八）年であり、店舗は二〇店余あった。社長の武田宏は愛知県の書店の重鎮として、日書連でも副会長の重責を担っていた。日進堂書店の帳合は日販であり、廃業による打撃は大きかったであろう。

日書連で活躍した人に鬼頭真一がいた。店名は**キトウ書店**とカタカナであった。武田宏同様、日書連の副会長を務めた人だったと記憶している。キトウ書店も日販帳合である。

刈谷市に本拠を置いていた近藤秀二の**情報文化センターしーがる**は、五六（昭和三一）

年から東海地区に新風を送りこんだ。中古車店、外食店なども併営し、夜型の店だったので、若い男性に人気があった。近藤のアメリカ生活の経験が、新しいタイプの書店を創り出したのである。その後、しーがるはいまじんに店舗を吸収された。本人は長い間、日本書店大学の責任者を務め、若い書店人の指導・育成に当たっていた。今は九州に蟄居してしまったようである。

竹中書店の創業は一一（明治四四）年と古い。会長は武内章であり、社長の武内章一は愛知県書店商業組合の理事長であった。店売、外商のバランスがとれた店で、店頭では人文、理工、芸術などの専門書の品揃えに特色があった。外商は中部電力、ＮＨＫ名古屋支局のほか、大学、高校、中学と手広かった。老舗なので店には標語が掲げられていた。それが「貴君の生涯の教養を託す店」である。

愛知県書店商業組合は、中央の日書連に副会長、常任理事など多くの人材を送り込んでいた。しかし、モンロー主義であった愛知県組合は、独自の活動をとるユニークな組織として有名であった。その一例がサン・ジョルディの日である。

【岐阜県】

大衆書房は三〇年（昭和五）年の創業と古い。郷土に関する書籍の出版と品揃えは県下随一であった。日書連でも活躍された社長の矢崎正治が郷土の文化にこれほど力を入れているることに驚いたものだ。地元の文化、教育をリードした書店であった。

【三重県】

社長の木村究の率いた四日市の白揚は、一世を風靡したチェーン店であった。理論家であり、実践肌の木村は本もよく売ったが、美術品、外商と手広く商売をしていた。白揚は今、いまじん傘下になって活動しているが、シェトワ白揚書籍館はよく売れる店である。

創業当時の五六（昭和三一）年ころの諏訪栄町の文化センター白揚の店内概要は、次のとおり。一階＝一般書・雑誌・実用書、二階＝専門書・実用書、三階＝レコード・趣味用品、四階＝文具、五階＝参考書・コミック、六階＝画廊――と殿堂を築き上げていた。

●中国ブロック

【鳥取県】

日書連の組合員数の一番少ない県である。一〇（平成二二）年現在三二名である。外商力の強いことで有名だった**米子書店**が〇九（平成二一）年に廃業している。創業は三三（昭和八）年と古い。本社は米子市であったが、鳥取市と出雲市に営業所があった。地方の外商の灯が消えるのは残念である。

一八七二（明治五）年創業の老舗書店である倉吉市の**徳岡優文堂**も廃業している。全盛時は四店舗を有していた。

【島根県】

松江市の**園山書店**が消えている。創業が一八一一（文化八）年というから、今続いていれば二〇〇〇年の社歴となる。外商の強い書店として有名だった。島根大学の正面前にも支店があった。一、二階で一一〇坪、一階は一般書、二階は専門書、喫茶コーナー、催事場だった。

【岡山県】

岡山県の繁華街表町通りに**細謹舎**はあった。一八七六（明治九）年の老舗であり、店舗も一～三階で二三〇坪の大型店であった。印象的だったことは一階売場中央からエスカレーターが走っていたことである。日本の書店でエスカレーターを導入したはしりではないだろうか。木製であったことが鮮明に思いだされる。表町通りに丸善が出店、紀伊國屋書店も大型店で出店した。影響が出ないわけがない。老舗崩壊であった。

【広島県】

広島積善館（社長岡原秀登）はすでに書店新風会を退会している。紙屋町にあった本店二二〇坪も今は営業しておらず、外商だけの書店である。〇八（明治四一）年創業の福山市の老舗である**平林堂書店**も廃業してしまった。

【山口県】

下関の一番店であった**中野書店**は市内に四店舗を有していたが、すべて閉店した。県の教科書供給所の社長であった末広卓三は、宇部市の**末広書店**の廃業とともに教販の社長も辞した。萩市の**しらがね白石書店**、防府市の**防府書房**も廃業している。

●四国ブロック

【徳島県】

徳島駅前に一五〇坪の**森住丸善**があった。創業三一（昭和六）年の老舗である。チェーン店として、徳島市蔵本店、助任店の二店があったが、いずれも廃業している。徳島の地盤は小山助学館である。チェーン店八店と健闘しているが、書店新風会は退会している。

【愛媛県】

今治市の**阿部書林**は、書店新風会に七五（昭和五〇）年に入会したが、八二（昭和五七）年には退会した。創業は一八八七（明治二〇）年と古く、今治市の中心街（本町）に、一、二階七〇坪を構えていた。学参、専門書がよく売れ、外商も活発であった。しかし、今はない。

【香川県】

宮脇書店のお膝元であり、書店シェアは圧倒的に高い、廃業店の出難い県である。一〇（平成二二）年の書店組合の組合員数は五〇名である。県組合の理事長は東かがわ市の西尾誠文堂の西尾文士である。

トーハン会は、四国は県別には存在せず、四国トーハン会として高知市の金高堂の吉村浩二が会長を務めている。

【高知県】

高知県には有名店の廃業はない。四国の中で書店数は最も少なく、日書連の組合員は二八名である。

八〇年代に隆盛だったのは片桐開成社だ。はりまや橋畔の好立地に位置し、創業一八八三（明治一六）年の伝統があり、県下、市内の信用は絶大であった。書店新風会の会員であったが、今は退会している。

【福岡県】

ナガリ書店社長の池上淳の名が六〇～七〇年代、日本中にとどろいた。それは百科事典が爆発的に売れた時代、平凡社の国民百科事典を日本一売った書店だったからである。しかも、女子社員が当時の八幡製鉄所（現・新日本製鉄）に外商し、大成功をおさめたのである。一万セット以上を販売した。やがて「一家庭一百科」運動となり、百科事典のセットはさらに売れた。池上は全国各地から引っ張りだこで、講演につぐ講演であった。しかし、今はなくなってしまった。

小倉の**金栄堂**の柴田良一は金文会の論客として有名であった。九州に出張した営業マンは必ず訪問し、お説を賜ったものである。金栄堂は一四（大正三）年創業の老舗で、三店のチェーン店を経営していた。しかし、柴田は中小書店の経営に見切りをつけて、九〇年代にさっさと廃業してしまった。柴田は柴田書店（外食関連出版社）と親戚関係である。

久留米を中心に繁盛していた書店に**たがみ書店**があった。書店新風会に入会した時には四店舗を有していた。しかし、いま店はなくなった。

【佐賀県】

金華堂の社長の松原良治は頑張り屋で八〇年代には六店舗を有していた。現在も一一五坪の店一店で頑張っておられる。商売熱心な吉竹宇策は鳥栖で油屋（書店の屋号）を二店経営している。今も継続維持している。イベントの好きな経営者である。

【長崎県】

島原市で、ながせやが元気であった。チェーン店を四店もっていたが、今は三店で頑張っている。長崎県はナショナルチェーンの出店で、競争は激化している。

【熊本県】

金龍堂、金書堂、**金興堂**、**金輝堂**、**金盛堂**と金文会系の書店がひしめいていた。店数では金興堂が五店と多かったが、金輝堂、金盛堂とともに今はない。

【大分県】

創業〇二（明治三四）年の**イーヌマ**は外商で有名であった。社長の飯沼英明は地域密着のよい商売をしていたが、市場変化と外商の資金繰りで苦境にたち、廃業せざるを得なかった。書店の存続のカギを握るのは歴史ではない。時代への対応なのである。

【宮崎県】

宮崎県は**田中書店**に尽きると思っていたが、県北部に**リリック書店**があった。同店は延岡市を中心に五店舗を展開し、八〇～九〇年代頑張っていたが、二〇〇〇（平成一二）年になって消えてしまった。

【鹿児島県】

鹿児島市中心部にある林田ホテル二階に**ブックジャングル**があった。ワンフロア四二〇坪は市内一番の売場であった。売場は一八のセクションに分けられ、それぞれ担当者がいた。出版社営業マンには仕事のしやすい書店であった。九〇年末から一〇年間ほど営業したが、今はない。店長はリブロにいた渡辺孝博であった。

【沖縄県】

文教図書は沖縄県内に六店舗あった。本土への復帰前の五〇（昭和二五）年に一七〇坪で那覇で開業している。沖縄で最も品揃えの豊富な書店として注目された。その後、名護市、平良市、石垣市、宮古にも出店した。学参、文具にも力を入れた書店であった。しかし〇〇（平成一二）年を超えたところで倒産した。

●消えた書店〈補遺編〉

――北海道から沖縄まで、消えた書店を追ってみた。洩れた書店があったので補遺編を書くことにした。

北海道・小樽市の**丸文書店**は一〇（平成二二）年に廃業した。市内に四店舗あり、店売、外商とも好調な時があったが、大型店、チェーン店の襲来、市場変化に勝てず閉店した。

秋田・大曲市に**カルチャーステーション・ヤマサ**というチェーン店があった。五店舗あったが親会社のデパートヤマサが破産したため九六（平成八）年に連鎖倒産した。書籍部門は黒字だったので惜しい閉店であった。

福島・福島市栄町にあった**博向堂書店**は創業二七（昭和二）年の老舗であった。立地に恵まれており、店舗も一〇〇坪と大きかったので店売、外商とも隆盛であった。しかし一〇（平成二二）年負債六億九千万円で自己破産した。九三（平成五）年の売上は一三億二千万円であったが、〇九（平成二一）年は三億九千万円になっていた。設備投資の借入金の負担が破産の引き金であった。

埼玉・大宮市（現・さいたま市）に**公論社**という書店があった。中央公論社（当時）を定年退職した夏井次郎が中公の出版物だけで商売を始めた。筆者もさっそく見に行った。大宮駅前の好立地であったが、版元一社だけの本では商売にならず、やがて一般書店化した。しかし、今はない。

埼玉・浦和市に家具の大型店宝船があった。その上場企業の宝船が平安堂のフランチャイズとして八七（昭和六二）年書店の**宝船**を開始した。埼玉県・北関東を中心に一七店舗を持つまでに成長した。しかし、本体の家具業が不振になり破産してしまい、そのため宝船チェーンは連鎖倒産した。二〇年に満たない寿命であった。

神奈川・藤沢市の**静雲堂**は二〇〇〇（平成一二）年初めに廃業している。作家のサイン会や文化行事を行う書店であった。市民に惜しまれた書店であった。

東京・六本木に**誠志堂書店**があった。店長の小川芳宏はよく本を読んだ人だった。業界紙「出版時事」に寄稿し、出版界にもの申した。店が無くなったのは惜しい。

東京・神田駅前にあった**日本会社実務センター**も特色ある書店であった。曽根社長には大変お世話になった。

店に入ると書棚のサイン看板が風変わりだった。社長、総務課、厚生課、営繕課……と続く。文芸、ビジネス、実用書といった表現はない。小説は厚生課に、実用書は営繕課にと、店内が会社なのである。

レジ脇に名刺箱が置かれてあった。「欲しいジャンルを名刺に書いて下さい。関連する本が出版されましたら、カタログ、案内書をお送りします」と名刺箱に書かれてあった。社員は全員何か資格を持っていた。社会保険労務士、司法書士、行政書士、測量士、調理師……。専門性の高い人が接客してくれるので、安心して相談できた。近所に前田書林が出来、間もなく日本会社実務センターは閉店した。

イエナは東京・銀座四丁目の近藤書店の三階にあった。洋書専門店であったが、雑誌、美術、芸術、写真、音楽、映画、デザイン、スポーツ、料理、動植物、地図など親しみ易い洋書店であった。雑誌はファッション誌を中心に一二〇〇誌と豊富だった。二〇〇〇年（平成一二）年過ぎに閉店となった。

東京・神田神保町、三菱銀行裏にあった**ナウカ**はロシア語書籍を専門に売っていた。ソ連、東欧の本が三万五千冊あった。〇六（平成一八）年八月出版社のナウカが自己破産し、書店も廃業となった。

東京・市ヶ谷のアルカディア市ヶ谷（私学会館）前にあった**山脇ブックガーデン**は、山脇学園短期大学が〇九（平成二一）年六月に閉校し、書店も無くなった。服飾、デザイン、美術書が見られないのは寂しい。

東京・四谷三丁目角にあった**丸正バラエティブックス**は食品スーパー丸正が全盛のときに、スーパーの中に本の売場を設けたので、当時話題になった。魚、野菜、肉と同じ売場に雑誌、書籍が陳列されていた。八〇年代のことである。たしか書籍売場にはジュウタンが敷かれていたと記憶するが……。今はない。

東京・渋谷のパルコ裏の静かな場所にあった**童話屋**は、クレヨンハウスとともに児童書専門店として有名であった。在庫一万七千冊で、内訳は絵本、日本の物語、外国の物語、自然科学、ことば・詩、工作・遊び、昔話、評論・研究書である。二〇〇〇（平成一二）年前後に廃業してしまった。経営元の出版社、童話屋は健在である。

東京・四谷の上智大学近くに**山王書房**一〇〇坪があった。お客は学生の他、文春、テレビ局、政治記者などであった。

東京・府中市の**分梅書店**が〇九（平成二一）年七月に廃業した。日書連副会長であった下向磐の創業は六六（昭和四一）年であった。

名古屋・栄の丸善の向かい旧山一證券の店舗跡に**マナハウス**九〇〇坪が九八（平成一〇）

年にオープンした。他業界から鳴り物入りで参入した書店である。名古屋有数の品揃えで、開店当初は五階まで売場という豪華な書店であった。しかし数年後から売場が縮小され、五階、四階に続き三階も閉鎖され、〇七（平成一九）年に閉店してしまった。

〔本章は、『新文化』（二〇一〇年一一月四日～一一年一月二七日）の連載をまとめたものである。〕

あとがき

戦中、敗戦、戦後、混乱、平和条約、復興、経済成長前期、中流意識、出版景気（百科事典・全集・文庫ブーム）、高度成長経済……。

バブル崩壊、出版界二桁成長終了、返品率上昇、コンビニ発生、郊外型書店誕生、書店革命（立地、営業時間、店舗面積、商品構成、レンタルという新型利益源、ＰＯＳ導入）……。

ＤＴＰによる出版革命、大型書店群雄、中小書店廃業の日常茶飯事化、ナショナルチェーン書店の全国展開、取次店による書店系列化……。

地域老舗書店倒産続出、ミリオンセラー誕生、読者・読書の変質、公共図書館の増加と貸出冊数の激増、電子書籍出現、リアル書店の危機？……いやはや社会の移り変わりの目まぐるしさに驚く。

それに対応してきた出版界を五十年間に亘って見られたことは幸いであった。中でも本がよく売れた時代に生きたことは貴重な経験であった。取次の変遷、出版社の興亡、大型書店の盛衰もこの目で見てきた。教えを乞うた多くの先輩に恵まれたが、反面その人達の物故はつらい。もっと聞いておけばよかった、もう一度会いたいと思うのは小生の年のせいかもしれない。しかしこれを言っても、考えても何も生まれない。やはりこれからどうなるのか、未来を志向することが一番重要だと思った。

そのような矢先、小田光雄氏の年賀状に出版人シリーズのことが書いてあった。小生はすでに『「今泉棚」とリブロの時代』の本も読んでいたし、昭和四〇年代の『週刊文春』掲載時から今泉ファンなので出版人シリーズには関心があった。元さわや書店の伊藤清彦店長も本になることを聞き、ますますシリーズが楽しみになってきた。伊藤さんの店には何度もお邪魔し、店頭で高説を賜ったものである。高須次郎さん、中村文孝さん、菊池明郎さんの登場のことも聞いて親近感を覚えた。

ところが何と小生にも登場せいとの声を小田さんから聞き、一瞬たじろいだ。何故なら特別な仕事をしたわけでもないからである。たまたま多田屋―平安堂―アスキー―太洋社と業界の川上・川中・川下を歩いた人が少ないので、目立ったのであろう。その上インタビュー形式というので、それ程準備のいらない気安さで引き受けてしまった次第である。

さて引き受けた後が苦痛である。何をしゃべったらよいのか迷った。業界の渡り鳥をしてきた小生が、読者に読んでいただくことがあるだろうか、インタビュー当日まで悩んだ。

しかしインタビュアーの小田さんが上手に引き出してくれたので、苦痛は消えていった。感謝の他に言葉もない。

業界五十年間のことがアレンジされたわけであるが、小生に今でも焼き付けられているのは、フランチャイズビジネスに従事していた平安堂時代のことである。経営が軌道にのらず悩むオーナーの悲しい眼、眼の底の冷たさを忘れることは出来ない。利益を出せないようでは本部の資格がない。経営の責任を痛切に感じた。二十年も前のことであるが、昨日のことの様に小生の胸をしめつける。今頃あのオーナーはどうしているだろうか、小生は転職したが、オーナーでは許されないことである。

中小商店の寿命は三〇年といわれる。しかし最近は更に短くなった。町田市のドライブスルー書店として有名であった久美堂・旭町店が一一（平成二三）年五月末で閉店しますと挨拶状を頂いた。二五年間の営業だったという。この店は書店としての社会的役割を十分に果たした後の閉店なので拍手をして上げたい。

フランチャイズビジネスにしても、書店のチェーン展開にしても、新規投資が回収されなければ経営戦略の意味がない。現在の書店の利益率、経費率では一〇年以内回収は絶対に無理である。それは開店後の売上伸長率が初年度一五％、二年目一〇％、三年目八％

……などと試算した計算式はよき時代の夢だったのである。TSUTAYA方式の高粗利ミックスでも四～五年はかかる。

厳しい書店経営がそのまま、「消える書店」の実態となってしまった。悔しい、悲しい、残念だ、何とかしなければと思い行動し、五十年たってしまった。小生が大学卒業後最初に奉職した高等学校図書館運営から、今日まで本から離れることは無かった。書店の倅というDNAのしからしむる運命だったのであろう。本は時間と場所を記憶してくれている。本の世界に生きられた五十年に感謝したい気持ちで一杯である。

振り返って感じたことは、これからがスタートだということである。歴史は過ぎたことを展望するだけではない。未来のことを見る説明材料を教えてくれたといえる。節目は有難いタイミングである。こうしたチャンスに導いて下さった小田光雄氏、またチャンスの場を与えてくださった論創社々長森下紀夫氏に心からお礼を申し上げます。

平成二三年五月一六日

能勢　仁

能勢 仁（のせ・まさし）
1958年、慶應義塾大学文学部卒業。高校教諭を経て、（株）多田屋常務取締役、（株）平安堂取締役FC研修部長、（株）アスキー取締役出版営業統括部長、太洋社勤務。1995年、ノセ事務所設立、書店クリニック、出版コンサルタントとして今日に至る。
主な著書：『商人の機微』（中央経済社）、『世界の書店をたずねて』（今井書店）、『列島書店地図』（遊友出版）、『カメラ風土記 千葉県』（保育社）等20数点。
連載：『新文化』「タイムトラベル・出版今昔物語」、『週刊読書人』「世界の本屋さん」、『新風誌』「世界書店探訪」
以上

本の世界に生きて五十年――出版人に聞く 5

2011年7月25日　初版第1刷印刷
2011年7月30日　初版第1刷発行

著　者　能勢　仁
発行者　森下紀夫
発行所　論 創 社
東京都千代田区神田神保町2-23　北井ビル
tel. 03（3264）5254　fax. 03（3264）5232　web. http://www.ronso.co.jp/
振替口座　00160-1-155266
インタビュー・構成／小田光雄　装幀／宗利淳一
印刷・製本／中央精版印刷　組版／フレックスアート
ISBN978-4-8460-1073-7　